AF309496

V

TACTIQUE

DES

JEUX DE HASARD

RECHERCHES

SUR LES MEILLEURES MANIÈRES D'Y JOUER

ET

DE JOUER AVEC ASSURANCE DE GAIN

DÉMONTRÉES MATHÉMATIQUEMENT

PAR LA THÉORIE ET LA PRATIQUE.

Avec un Atlas de 16 Planches coloriées et 40 Tableaux de
calcul spéculatifs et démonstratifs.

Suivis d'Observations
sur la Prohibition et la Tolérance
des Jeux de Hasard
et les moyens d'empêcher qu'on en abuse.

PAR

JAMES SMYLL,

INGÉNIEUR.

Leipzig,

en Commission de la librairie de J. C. Hinrichs.

1820.

Il n'y a pas de Jeux qu'on ne puisse si bien soûmettre aux règles des mathématiques que l'on ne fut assûré de gagner si l'on y pouvoit apporter toute l'habilité nécessaire.

Ozanam, Récréations Mathématiques.

Quoique rien ne paroisse moins du ressort des Mathématiques que le *Hasard*, (dit l'encyclopédie au mot Jeu [1]), elles sont cependant parvenues à enchaîner ce Protée; elles sont venues à bout de calculer les divers degrés de *Probabilité* de toutes les chances qui doivent arriver; etc. etc. c'est ce qui a donné naissance à une nouvelle branche de Mathématique très curieuse etc.

Mr. de la *Bruyère*, auteur célèbre du siècle dernier, dans la comparaison qu'il fit entre un bon Joueur et un grand Général, ou un habile Politique, dit:

„Le Guerrier et le Politique, non plus que le Joueur habile, ne sont pas le *Hasard*; mais ils le préparent, ils l'attirent, et semblent presque le déterminer. Non seulement ils savent ce que le sot et le poltron ignorent, je veux dire, se servir du *Hasard*, quand il arrive; ils savent même profiter par leurs précautions et leurs mesures d'un tel ou d'un tel *Hasard*, ou de plusieurs tout à la fois; si ce point arrive, ils gagnent; si c'est un autre, ils gagnent encore; un même point souvent les fait gagner de plusieurs manières.“

Caract. ou Moeurs de ce siècle. Chap. XII.

La comparaison de Mr. de la Bruyère est d'autant plus juste qu'il n'y a rien dans le monde qui ait plus de similitude avec la guerre que les Jeux de Hasard [2]).

---

[1] Edition 8. d'Yverdun.

[2] Massenbach dans sa *Gallerie Prussienne* parlant d'un des plus célèbres Généraux (le Maréchal B.. ...) dit, page 147: La guerre est son élément, et s'il est joueur, il ne l'est certainement que parce qu'il voit dans le jeu l'image des combats.

La passion du jeu est presque générale parmi les militaires et en ruine nombre infini. . .

A

Il faut à la guerre et au jeu, pour y réussir constamment malgré toutes les vicissitudes et les caprices de la fortune, à peu-près les mêmes talens, la même conduite et les mêmes qualités physiques et morales. C'est ce que nous démontrerons. On peut même dire qu'il n'y a point de *Hasard* à la guerre pour un Général qui connoit à fond son metier; il sait *tout* ce qui peut arriver; quelque subit que soit l'événement le plus extraordinaire il n'en est point étonné, il n'en souffre point, parce qu'il a su d'avance ce qu'il doit faire en pareil cas; et ce qui auroit fait la perte d'un ignorant, devient pour lui la cause d'un succès éclatant qui le couvre d'une gloire immortelle.

On peut dire aussi qu'il n'y a pas de *Hasard* pour un homme qui connoit à fond et parfaitement les Jeux de *Hasard*, leur nature parfaite ou *viciée*; les diverses chances qu'ils produisent; jusqu'à quel degré elles peuvent s'élever ou s'abaisser; la lenteur ou la rapidité de leurs marches; la qualité de leurs *vices* et quelles en sont les causes physiques; les avantages réels ou apparents des Banquiers, les moyens de les atténuer, de les surmonter, de les rendre nuls pour le Banquier et avantageux pour les Pontes. Un tel homme sait à quel jeu il doit donner la préférence, quand et comment il doit jouer et quels moyens lui sont nécessaires pour réussir; car il sait prévoir l'éloignement ou la proximité des événemens, et de quelles espèces qu'ils soient, il sait se les rendre favorables.

Il n'y a donc rien de plus pitoyable que les plaintes des joueurs contre le sort; de les entendre dire: *quelle détestable taille! pas une série, pas même un coup de trois.* Toutes les tailles sont bonnes pour un bon joueur, comme tous les champs de batailles sont bons pour un bon Général; et l'un et l'autre savent les rendre meilleurs par leurs talens et leur conduite. Celui qui perd son argent au jeu se déshonore, parce que cette perte est ordinairement le fruit de son ignorance, de son imprudence, de *sa présomption*; trois vilaines choses qu'on voit presque toujours ensemble.

Voici une anecdote peu connne et qui doit trouver sa place ici.

En 1794, un tailleur du quartier de la halle au
blé à Paris, voyoit dans son voisinage un gros Monsieur en habit brodé, logé dans de magnifiques appar-
temens, mangeant bien, buvant bien, se divertissant
bien, ne sortant que dans de beaux et bons carrosses
ou sur de jolis chevaux; le tailleur voyant ce gros
Monsieur présider à une parade, à une revue, s'imagi-
na que le métier de ce gros Monsieur, qui étoit celui
de Général étoit fort facile. *Parbleu*, disoit-il, *j'en
ferois bien autant!* Le tailleur fut trouver son frère,
qui, de cordonnier, étoit devenu un des chefs du bu-
reau de la guerre, et lui déclarat positivement, *qu'il
vouloit être Général et commander les armées.*

Jean Noel Bucholte étoit alors Ministre de la guerre, c'étoit un assez bon diable [3]), et sur l'article des
promotions il étoit d'une complaisance admirable!
Bucholte fit donner au tailleur un brevet de Général
et le commandement d'un corps d'armée: le tailleur
partit aussi-tôt pour ses *hautes-destinées.*

Le tailleur en uniforme de Général, à la tête de
ses *braves* et en présence de l'ennemi, crut qu'il n'y
avoit qu'à commander, *à droite*, et *à gauche* pour
gagner la bataille. Le tailleur-Général fut battu à
plates-coutures avec ses *braves:* on ne l'accusa pas
d'ignorance, mais de trahison; c'étoit le ton alors; le
tailleur fut emprisonné et guillotiné.

La farce pitoyable de ce tailleur qui malheureusement n'est que trop vraie [4]) pour les *braves* qui en
ont été les victimes, se répète chaque jour, par-tout

---

3) Je l'ai connu très-particulièrement à Aix-la Chapelle,
en 1793. où je dinois souvent avec lui-chez Mademoi-
selle C......

4) Voyez-en la preuve dans un ouvrage sorti du Dépôt-
général de la guerre, sous le titre de *Recherches sur la force
de l'armée françoise et les bases pour la fixer.* 8. Paris,
chez Treuttel et Würs.

où il y a des Jeux de Hasard. Là, un jeune-homme
voit un beau Monsieur très-bien mis, dépensant
beaucoup d'argent, courtisant certaines Dames et en
être favorablement traité; le jeune-homme voyant ce
beau Monsieur jouer aux Jeux de Hasard et faire quelque fois de grosses-levées, s'imagine qu'il n'y a rien
de plus facile que de s'enrichir à ces sortes de jeux.
Parbleu, dit le jeune-homme, *il est facile ici de gagner et de dépenser beaucoup d'argent: il ne s'agit
que de mettre un écu tantôt à droite, tantôt à gauche,
pour avoir les mains pleines d'or! que diable, je ferois
bien cela aussi.* Le jeune-homme se hasarde; joue:
gagne, gagne, perd, gagne, perd, perd, perd, et finit
finalement par perdre tout son argent. Le jeune-homme n'est pas guillotiné pour cela: mais combien de
jeunes-gens après avoir sottement perdu leur argent
au jeu, ont été plus sottement encore, se jeter dans
la rivière, se couper la gorge ou se pendre: n'est-ce
pas la même chose que si on les avoit décapité?

Ce qui paroît inconcevable, c'est que l'exemple
journalier d'une multitude innombrable de victimes des
Jeux de Hasard n'intimide personne. 2. Que la quantité prodigieuse d'écrits qu'on a imprimés contre les
jeux n'ont produit aucun effet. 3. Que les loix qui
les ont prohibé loin d'atteindre leur but n'ont fait
qu'aggraver le mal. 4. Que ce mal a été porté à son
comble et rendu presque incurable par l'active vigi-
lance des Magistrats et leur sévérité [5]): c'est ce qui
les a jeté dans un cercle vicieux, un labyrinthe,
un tourbillon d'où ils ne pourront jamais se
tirer d'eux-mêmes. S'ils continuent leur course
dans cette carrière pénible, la chose ira toujours
de mal en pis: s'ils la ralentissent, s'ils se rélâchent,
les grandes villes seront bientôt des *coupes-gorges*
inhabitables.

---

[5]) On démontrera ici après, pourquoi et comment la
conduite des Magistrats, louable en elle-même a eu d'aussi
funestes effets.

Il y a quarante ans que l'ordre public se maintenoit facilement, les vices et les excés se sont tellement multipliés et accrus, que présentement, les Magistrats succombent sous la fatigue de leurs soins vigilans; on peut les comparer à des Militaires qui auroient à soutenir nuit et jour un combat perpétuel d'où dépendroit l'existence politique d'un pays, l'honneur, la fortune, la vie de tous ses habitans. Un des plus grands tourmens de ces Magistrats est de voir l'inutilité de leurs peines pour réprimer les désordres des Jeux de Hasard, et l'injustice de beaucoup de familles qui les rendent responsables de l'inconduite de leurs enfans et les accusent, injustement, de s'entendre, comme larrons en foire, avec les chefs des tripots de jeux pour profiter de leurs gains illicites et souvent criminels.

De tous temps, dans tous les pays, les plus policés comme les plus barbares, on a vu et on voit encore les peuples se livrer de préférence aux Jeux de Hasard et s'y livrer avec passion. L'histoire et les voyageurs nous en fournissent mille exemples, ainsi que les loix anciennes et modernes qui ont été faites à ce sujet. Chez les Hébreux, les Grecs, les Romains, les Chinois, parmi les sauvages de l'Afrique et de l'Amérique comme chez les peuples civilisés de l'Europe moderne, a régné et règne la frénésie des Jeux de Hasard, qu'aucune puissance humaine n'a pu arrêter ni contenir. C'est un torrent qui a brisé toutes les digues qu'on lui a opposées et qui chaque jour devient plus impétueux.

Cette augmentation de mal provient de l'accroissement excessif du luxe, de la sensualité et du goût pour tous les plaisirs quelconques qui s'étend présentement jusqu' à la classe la plus indigente du peuple et allume dans presque tous les cœurs une soif ardente pour les richesses [6]). Or, de tous les moyens *licites*

---

6) Ces goûts désordonnés ne diminuant point par le renchérissement continuel de toutes choses et la diminution

de gagner de l'argent, il n'y en a pas qui paroisse plus facile d'en gagner promtement beaucoup, même avec peu, que celui offert par les Jeux de Hasard! espéce de vérité rendue presque incontestable par l'exemple de quelques heureux aux lotteries et autres jeux. Exemple funeste qui entraîne dans le malheur une multitude innombrable de personnes de tout état, de tout âge, de tout sexe.

Nous devons dire ici:

1) L'exemple des heureux est le seul qui frappe, parce que leurs gains se font en masses. On ne voit pas, ou presque pas les malheureux et on ne connoit point leurs pertes, parce qu'elles sont ordinairement faites en détail et clandestinement. Voilà le premier mal, auquel il faut trouver un remède efficace.

2) L'on fait dans les églises de la Grande Bretagne plus de douze cens-mille sermons chaque année; les Bretons n'en deviennent pas plus vertueux ni moins vicieux. Il en est et en sera toujours de même désécrits contre les Jeux de Hasard. J'en ai lu beaucoup: je ne saurois mieux les comparer qu'aux bavardages perpétuels des Ferrarois sur les débordemens du Pô; ceux-ci feroient mieux d'imiter les Hollandois qui au lieu de crier contre la Mer, le Rhin, la Meuse et l'Escaut les ont contenu par de bonnes digues. C'est ce qu'auroit du faire les faiseurs de gros livres et de beaux discours contre les Jeux de Hasard, en indiquant un moyen efficace d'empêcher qu'on en abuse; c'est ordinairement le sujet de leur dernier chapitre; et c'est toujours *là* où les Recteurs, les Érudits tombent à *plat . ventre* d'une maniére pitoyable; *parce qu'ils ne connoissoient pas les jeux dont ils s'avisoient de parler.*

3) C'est par la même raison que les Législateurs qui ont prohibé *tous* les Jeux de Hasard, ont aggravé le mal qu'ils vouloient empêcher: ils ont agi législa-

---

de circulation de l'argent, doivent augmenter de plus en plus la passion des Jeux de Hasard.

tivement tellement que le feroient les Ferrarois, si
pour empêcher le débordement du Pô ils en arretoient
le cours par un barrage.

4) Les Loix sont le fondement de la société: les
Magistrats, qui ne les ont pas fait doivent élever l'é-
difice et le maintenir en bon état: toute leur sagacité,
leurs talents, leurs peines seront perdus, si le fondement est vicié: peut-on, sans injustice, les rendre
responsables des funestes conséquences du mauvais
ouvrage de leurs devanciers? Les Théologiens et les
Jurisconsultes les plus savans 7) qui ont traité la matière des Jeux de Hasard dans des ouvrages volumi-
neux surchargés d'érudition, finissent tous par con-
clure *qu'ils ne sont condamnables que par l'abus qu'on
en fait.* Mais les hommes abusent de tout; du *Vin,*
du *Jeu,* des *Femmes;* ils abusent même des *Loix* et
de la *Religion* etc: faut-il condamner, prohiber
tout? faut-il détruire les Temples et les Tribunaux
de justice, chasser et massacrer les Prêtres et les Magistrats 8)? Faut-il ravager tous les vignobles, noïer
toutes les belles femmes, toutes les jolies filles, leurs
arracher les yeux? La barbarie rend-elle les états et
les hommes heureux? Soyons un peu fou, s'il le faut 9)
mais soyons raisonnable: cherchons les moyens de
pouvoir jouir légitimement de tout en n'abusant de
rien.

Puisqu'aucune puissance humaine *n'a pu, ne peut*
et *ne pourra jamais* empêcher qu'on joue aux Jeux de
Hasard; que ces sortes de jeux sont absolument néces-

---

7) Voyez, entre autres, *Gataker* Théologien anglois et
Barbeyrac, professeur en droit à l'Université de Groningen
en Hollande. L'ouvrage de ce dernier, intitulé: *Traité du
Jeu,* est en trois volumes.

8) Voilà ce que les Révolutiodnaires françois ont fait par
le même prétexte.

9) Il faut l'être un peu pour être heureux. Un mari
qui n'est pas un peu fou de sa femme est un homme malheureux.

saires en plusieurs lieux, en divers temps [10]); que c'est faute de les bien connoître qu'on en abuse et qu'on n'a pu encore empêcher ces abus; il est de la plus grande utilité pour le public qu'on les connoisse à fond et parfaitement.

Les personnes qui connoissent à fond et parfaitement les Jeux de Hasard n'y jouent pas [11]), ou si elles y jouent quelquefois elles n'y perdent pas; ces sortes de jeux sont pour elles un amusement agréable, sans aucun inconvénient [12]) et gratuit: tandis que

---

10) Nous le démontrerons ici-après.

11) Je pourrois citer en preuve plusieurs personnes de ma connoissance qui, connoissant les manières d'y jouer avec assûrance de gain, préferent s'amuser à autre chose: et c'est aussi ce que j'ai fait. Il y a plus de trente ans que je connois bien les Jeux de Hasard, les ayant étudié mathématiquement; j'ai joué à diverses banques privilégiées ou autorisées par les gouvernemens, et j'ai gagné à toutes. Depuis lors j'ai habité pendant vingt ans une grande ville de commerce où l'on trouvoit autant de tripots de Jeux de Hasard qu'il y avoit de rues: je n'y ai jamais joué, ni à aucune autre espèce de jeux: je les ai en aversion et ne puis même les regarder jouer. Je pourrois en alléguer plusieurs raisons, je n'en ferois connoître ici qu'une. Pour jouer avec assûrance de gain, il faut, outre la parfaite connoissance des jeux, du travail, de l'étude, des observations et des combinaisons profondes et rapides; de la prudence et de la hardiesse; attendre les probabilités avec patience et les saisir avec promptitude; mais il faut, sur-tout, beaucoup *de désintéressement* et n'être point avide de gain: jouer petit jeu, proportionellement à sa fortune et se contenter de petits profits, qui cependant forment à la longue une somme assez considérable, mais qu'on n'a pas gagnée sans peine et qu'on dépense facilement avec les nombreuses connoissances qu'on fait au jeu: il en résulte qu'après avoir gagné beaucoup d'argent, on n'en est pas plus riche.

12) Cela s'entend des Jeux de Hasard tenus par des banquiers autorisés par le gouvernement et surveillés par la police. Là on peut gagner et même gagner beaucoup sans nuire à personne, sans faire aucune peine aux autres joueurs, sans se faire d'ennemis, sans se compromettre, et sans avoir aucune dispute ni difficulté quelconque.
Il n'est pas de même des jeux de commerce, de socié-

tous les autres plaisirs, tels que les spectacles, bals, concerts, jeux de billard etc., doivent se payer, et forment chaque année une dépense considérable.

Les personnes qui connoissent à fond et parfaitement les Jeux de Hasard, y sont exercés et possèdent les qualités physiques et *morales* requises, sont assûrées, d'y gagner en jouant loyalement; l'expérience l'a prouvé et le prouve encore chaque jour à Londres, à Paris, à Spa, à Aix, à Ems, à Wiesbaden, à Wilhelmsbad, à Brükkenau, à Hof-Geismar, à Pyrmont, à Dobberan etc. Car c'est là où on peut bien juger des Jeux de Hasard et des personnes qui y jouent; puisque ces sortes de jeux s'y jouent publiquement, étant autorisés, privilégiés par le gouvernement et surveillés par la police; et parce qu'on peut dire, que c'est à ces sortes de banques de jeux seulement, qu'on est sûr de trouver de la probité dans les Banquiers et de la loyauté dans les Pontes.

Oui, on est *sûr de gagner* aux Jeux de Hasard lorsqu'on les connoit parfaitement et qu'on y est *exercés* on en a la preuve tous les jours partout, même dans

---

té et d'adresse, même d'esprit; ni des Jeux de Hasard où les joueurs jouent les uns contre les autres. C'est à ces divers jeux, même de billard, *qu'on commence par être dupe et qu'on finit par être fripon.* C'est là où chaque jour on voit d'anciens amis se brouiller; où chaque jour on voit des altercations, des querelles honteuses, vilaines; des procédés malhonnêtes, des voies de faits abominables; *des duels,* etc. C'est à ces sortes de jeux enfin que les séductions, l'astuce, les supercheries et le vol sont extrêmement faciles et se font presque toujours impunément. On ne peut même se garantir de querelle, ni de la mauvaise humeur des autres joueurs en jouant pour rien et sans fraix; parce qu'il y a des êtres vaniteux qui se fâchent de paroître moins bon joueur que les autres. Malgré des inconvéniens aussi nombreux, aussi graves, on ne prétend pas qu'on ne doive jamais jouer; mais on conseille de ne jouer qu'avec des personnes qu'on connoit parfaitement et à des jeux qu'on connoît de même, et de se comporter avec sagesse. Mais avec les mêmes conditions, les mêmes talens, la même conduite ne peut-on pas jouer aux banques privilégiées sans mériter d'être blâmé.

l'intérieur des familles où l'on joue aux *Jeux de société*, tel que le *Piquet*, le Whist etc., car tous les jeux où
l'on employe les cartes sont des Jeux de Hasard; et quoique le hasard donne aussi souvent de mauvaises cartes à
celui qui connoit parfaitement le *Piquet* qu'à celui qui le
connoit moins bien, le premier à la longue finit toujours
par gagner l'argent de son adversaire: et l'on voit un
grand nombre d'honnêtes gens qui jouent loyalement
aux divers jeux de cartes *dits de société*, y font chaque
année d'assez gros bénéfices, fruits de leur parfaite connoissance de ces sortes de jeux, qui, nous le répétons,
sont des vrais jeux de Hasard.

Aux Banques privilégiées, où l'on joue publiquement tous les jours, on peut s'y convaincre que tout
le monde ne s'y ruine pas, que tout le monde n'y perd
pas; qu'il y a beaucoup de personnes qui y jouent sagement, plusieurs avec la connoissance suffisante du
jeu et avec avantage. Un bon observateur y distingue
cinq sortes de personnes. 1) Des personnes qui y jouent
habituellement presque tous les jours depuis plusieurs
années, et qui loin de se trouver en perte, y font annuellement d'honnêtes bénéfices, ainsi que cela arrive
aux jeux de société: c'est quelles connoissent à fond
et parfaitement les jeux; y sont exercées et y jouent
sagement. 2) D'autres qui y jouent de même habituellement et avec avantage. Ceux-ci sont ordinairement de vieux routiniers qui ont appris à leur dépens,
plus ou moins chèrement, à jouer sagement et finalement à gagner constamment, sans cependant connoître les jeux parfaitement. On peut les comparer à ces
Généraux qui, ignorant la théorie de leur art, sont
parvenus, à force de tâtonnement, d'essais et de faits
plus ou moins malheureux, à remporter quelques
avantages sur les ennemis.

3) Des personnes qui pendant toute la saison des
eaux, ou pendant tout l'hiver jouent aux Jeux de Hasard par simple amusement et avec sagesse, ayant
destiné pour cet effet une petite somme tirée de l'argent fixé pour leurs menus plaisirs;—suivant quel-

ques marches avec les combinaisons des probabilités, et se soutenant bien.

4. Des personnes qui ne connoissant nullement les Jeux de Hasard, s'abandonnent aveuglement à tous les caprices de la fortune, même en suivant les plus mauvaises méthodes de jouer, jouissent d'un bonheur inouï, gagnent souvent, beaucoup, font même sauter la banque; mais l'expérience a prouvé partout que presque la totalité de ces favoris temporaires de la fortune ont fini par être écrasés sous sa roue. Ce qu'il y a de déplorable, c'est que l'exemple de ce petit nombre de joueurs, malgré leur fin funeste, entraîne dans le malheur un nombre infini de personnes qui composent la *cinquième* classe; celle-ci est la plus nombreuse et la plus malheureuse: sans connoissance suffisante du jeu, et sans expérience; séduites par la vue de quelques beaux coups de fortune, elles ne voient que la possibilité d'en pouvoir faire aussi, sans connoître l'étendue des difficultés de les obtenir; le nombre de chances contraire à celle qu'ils cherchent; hasardent aveuglement leur argent, puis risquant tout ce qui leur reste, pour régagner leurs pertes, complétent leurs ruines.

C'est cette cinquième classe qui est réellement blâmable pour sa présomption et son imprudence, fruit honteux et fatal de son ignorance. Mais c'est une injustice de blâmer généralement toutes les personnes qui jouent aux jeux de Hasard là où ils sont permis par le gouvernement; cette injustice est d'autant plus impertinente et condamnable qu'elle porte contre un très-grand nombre de personnes du premier rang et également respectable par la sagesse de leur conduite au jeu dont elles ne font qu'un simple amusement; ainsi que nous l'avons fait voir au No. 3. Parce qu'une multitude innombrable de personnes viles et méprisables se marient par intérêt et font le malheur des femmes qu'ils épousent, faut-il condamner le mariage et blâmer indistinctement toutes les personnes qui se marient?

Les jeux sont faits pour s'amuser : nullement pour s'enrichir, encore moins pour se ruiner. On peut raisonnablement désirer d'y gagner en s'amusant, et y gagner loyalement, surtout aux banques privilégiées où l'on ne joue contre personne et où l'âme noble et délicate n'a jamais à se reprocher d'avoir peiné ou gené le joueur adverse dont il a gagné l'argent. Voilà pourquoi aux Eaux Minérales et autres lieux fréquentés par un grand nombre de personnes de distinction et d'étrangers fortunés on établit des banques des Jeux de Hasard (comme on y établit des salles de bals, de concerts, d'assemblées, et de spectacles) pour l'amusement de ces sortes de personnes, et leur éviter le désagrément d'être compromises et dupées par des escrocs et des avanturiers qui s'y porteroient en foule ; ainsi que cela arrive dans les villes de grandes foires. Si aux banques privilégiées des Eaux Minérales on voit des êtres sots, ou vilainement cupides, qui étant dévorés de la soif de l'or, y vont perdre le leur, personne n'a à s'en plaindre et ils n'ont à se plaindre de personne : mais le public en fait le même cas que des ivrognes crapuleux.

Les seuls malheureux au jeu qui parroissent dignes d'être plaints, sont les jeunes gens sans expériences et séduits par l'appas des grands gains qu'ils voient faire, ou par les discours spécieux de jeunes hableurs qui leur persuadent que telle et telle manière de jouer doit les faire gagner infailliblement : mais le public sévère condamne toujours, avec raison, leur imprudence et leur présomption, qui, je le répète, sont les suites de leur ignorance.

Que diroit-on des jeunes gens qui, sans connoissance du commerce et de la navigation, s'érigeroient tout-à-coup en négociants, en capitaines de vaisseaux et s'élanceroient au milieu d'une mer orageuse et remplie d'écueils, pour aller dans un pays lointain dont ils ignoreroient la route et la distance, et périroient en pleine mer par leur ineptie ou faute de subsistance ? Pourroit-on excuser leur sotte extravagance en disant qu'ils ont été éblouis par la vue de quelques négociants arrivant des Indes avec de grandes fortunes? Voilà l'image fidèle des jeunes gens éblouis de la vue de quelques grands gains faits au jeu. Ce joueur, nouveau venu, n'en sait pas plus que moi; il a gagné *dix* coups de suite; ne puis-je être aussi heureux que lui? Oui Monsieur, dira un hâbleur, car les séries de dix, de douze coups se voient souvent; mettez toujours à la gagnante, vous les attraperez, et pour un écu de mise, vous en leverez cinq cens ou mille (ainsi qu'à la Lotterie). Le jeune homme met et perd un grand nombre d'écus les uns après les autres et se trouve épuisé d'argent, n'ayant seulement pas vu un coup de six.

Nous le répétons, c'est encore plus par ignorance que par cupidité que tant de personnes perdent aux Jeux de Hasard et que beaucoup s'y ruinent. Si ces jeux étoient bien connus on n'y perdroit pas, ou on n'y perdroit que très peu, et alors les plaisirs, l'amusement qu'on y trouveroit séroient moins coûteux que ceux de tous les autres plaisirs.

Il résulteroit encore d'autres avantages de la connoissance approfondie et publique des Jeux de Hasard; puisque les personnes sages trouveroient dans cet amusement des moyens de s'en procurer lóyalement d'autres; que les abus qui résultent de ces sortes de jeux disparoitroient et diminueroient de beaucoup ceux des jeux de société infiniment plus pernicieux.

C'est dans la vue et l'espérance d'atteindre ce but que nous publions ce petit ouvrage. Voici, en peu de mots, le sommaire de son contenu.

Nous établissons d'abord qu'il ne suffit pas de savoir comment on joue ordinairement à tel et tel jeu; il faut:

1) Bien connoître les Jeux de Hasard à fond et parfaitement;

2) Quelle est la nature de leurs chances, leur nombre, leur proportion;

3) Si à tel et tel jeu, ces chances se produisent dans un nombre parfait ou imparfait;

4) Si conséquemment un jeu est parfait ou *vicié*;

5) Quels sont les *vices secrets* des jeux;

6) De quelle nature ils sont, leurs effets, leur importance;

7) Quelle en est la cause physique;

8) Si ces causes sont matérielles, comme aux jeux de *Dés* etc.;

9) Ou si ces causes proviennent de la nature du jeu;

10) Si ces *vices* sont nuisibles aux Pontes et si l'on peut trouver une manière de jouer qui les fassent tourner à leur avantage.

11) Quels sont les avantages des banquiers, s'ils sont réels ou apparents; quelle est leur juste valeur;

12) Si on peut en priver le banquier, et les faire tourner à l'avantage du Ponte par une manière quelconque de jouer;

13) Quelles sont toutes les manières de jouer;

14) Ce que chacune d'elles a de bon, ou de mauvais;

15) Quelles sont toutes les difficultés qu'on peut trouver dans leur usage;

16) Quelle somme est nécessaire pour jouer à tel ou tel jeu, en suivant telle ou telle manière de jouer;

17) Il faut savoir, qu'il ne suffit pas de connoître les meilleurs manières de jouer mais qu'il faut savoir les employer à propos;

18) Que les diverses manières de jouer sont comme les *drogues* d'une pharmacie: les meilleurs peuvent donner la mort; les plus subtils poisons peuvent guérir une maladie mortelle. Il faut beaucoup d'art et d'expérience pour les employer à propos et dans une mesure convenable;

19) Quand et comment on doit faire usage de telle ou telle manière de jouer, et jusqu'à quel point;

20) Comment on peut jouer *avec assurance de gain*;

21) Quelles sont les qualités physiques et morales
nécessaires pour cela ;

22) Finalement, comment le gouvernement peut
empêcher qu'on abuse des jeux de Hasard etc.

On doit voir par ce court exposé qu'il y a extrêmement peu de personnes qui connoissent à fond et
parfaitement les Jeux de Hasard ; on en sera encore
plus convaincu, quand nous aurons fait voir, ici après,
l'immensité du travail et la longueur des expériences
et des études qu'il faut pour cela. On verra combien
il est utile d'en faire connoître le résultat, et de procurer cette connoissance parfaite des Jeux de Hasard,
par une courte lecture et quelques heures d'exercice
expérimentale. Mais nous savons que les démonstrations et les raisonnemens les plus clairs ne suffisent
pas pour convaincre des personnes peu studieuses, celles imbues de faux préjugés, non plus que les jeunes gens
étourdis ou cupides et les garantir contre les pièges
qui leur seront tendus chaque jour de toute parts :
c'est pourquoi nous avons joint aux démonstrations
mathématiques un grand nombre de comparaisons frappantes, pour faire sentir plus vivement la grandeur
des difficultés et des dangers, ainsi que le ridicule de
la présomption, et la nécessité de l'étude et de la sagesse.

Ce n'est pas en voyant jouer, encore moins en
jouant aux Jeux de Hasard qu'on apprend à les connoître parfaitement, parce qu'alors on n'en voit que
la superficie et qu'on est trop occupé de sa manière de jouer, de son gain, de sa perte etc.
Il existe beaucoup de personnes qui ont joué toute
leur vie, soit comme banquiers, soit comme pontes,
qui ne connoissent pas plus les Jeux de Hasard que
les barbiers qui n'ont pas étudié l'anatomie ne
connoissent le corps humain ; malgré la grande quantité d'emplâtres qu'ils ont appliqués et les nombreuses
taillades qu'ils ont faites.

Pour bién connoître les divers Jeux de Hasard le calcul ne suffit pas, il a induit en erreur tous ceux qui n'ont employé que ce moyen: il faut, pour ainsi dire, les disséquer, les décomposer; marquer et étudier toutes les chances qu'ils produisent et les observer sous toutes les faces possibles. Ce travail est difficile, il est très-long, pénible et exige une patience infinie. On pourra en juger par l'échantillon que nous en donnons ici en quelques petites Planches et 40 Tableaux, qui n'offrent pas la centième partie du travail que nous avons dû faire.

Il existe quelques ouvrages sur les Jeux de Hasard, qui en font connoître les règles [13], les avantages des banquiers, les supercheries qu'on pratique aux jeux etc. Mais aucun ouvrage sur cette matière n'ayant paru avec des planches, les Jeux de Hasard n'ont pu être connus à fond et parfaitement par le public. C'est comme si tous les ouvrages sur l'anatomie étoient dépourvus de figures; loin de former de bons chirurgiens ils ne feroient que des bourreaux.

Chaque table de Jeux de Hasard doit être considérée comme une armée nombreuse rangée en bataille dans une position très-forte; le banquier en est le Général, ses assistans en sont les officiers; les écus, les louis, les ducats sont leurs soldats: l'avantage du banquier (Réfait de 31, Doublets etc.) est son artillerie; les vices des jeux (qui sont secrets) sont autant de mines et de fougasses, qu'on ne voit point mais dont on éprouve les funestes effets, qui font sauter les assaillants et les écrasent. Le banquier a aussi ses stratagèmes et ruses de guerre etc.

Le ponte doit se considérer comme un général qui, avec peu de troupes sans artillerie, va atta-

---

13) Voyez la *Théorie des Jeux de Hasard*, par Huyn. Prix un florin.

Voyez l'*Encyclopédie*, au mot *Jeu*. Edition 8. d'Yverdun.

Voyez l'*Essai d'analyse sur les Jeux de Hasard*, par Montmaur, in 4. Prix 25 Francs.

quer cette armée nombreuse qui a une artillerie formidable, des mines rédoutables etc. et se trouve commandée par des généraux expérimentés qui, presque toujours sont victorieux et écrasent leurs ennemis. L'entreprise du ponte est certainement très-hardie! Mais si le ponte, qui s'érige ainsi en général, ne connoit pas bien le métier qu'il entreprend de faire, son action ne pourra être considérée que comme une folle et extravagante témérité: l'espoir d'être plus heureux que mille et mille autres, qui ont été honteusement vaincus, n'est qu'une extravagance renforcée.

Les divers états de l'Europe entretiennent actuellement, en tems de paix, plus de deux millions d'hommes, de troupes réglées de terre, en activité de service; parmi lesquels on compte plus de cent mille officiers, dont il y en a au moins vingt mille qui jouent quelquefois aux Jeux de Hasard. Si en s'amusant ou en se tourmentant à ces jeux, ils apprenoient à les bien connoître et à forcer la fortune de leur être favorable, il en résulteroit pour eux deux grands avantages; de ne pas perdre leur temps ni leur argent, d'en gagner quelquefois honnêtement et d'acquerir une grande aptitude à l'art de gagner des batailles, Art très-nécessaire et très-peu connu, même de beaucoup de généraux. Plusieurs raisons, même de *bien-public*, et avantageuses pour tous les joueurs, m'engagent à en donner ici une preuve frappante et curieuse en peu de mots: Je la tire d'un manuscrit nouveau intitulé: *Traité abrégé de l'art des batailles;* avec le plan que j'en ai tiré, c'est le vingt-septième de ce manuscrit militaire.

PROBLÈME

ou

PROGRAMME MILITAIRE.

PLANCHE No. I.

Plan 29.

JE suis un petit Roi ruiné, politiquement et militairement; il ne me reste pas une forteresse ni une pièce d'artillerie: toute ma force militaire consiste en mille soldats d'infanterie, sans officiers.

Ma misère royale ne diminue rien de mon humeur belliqueuse; je veux guerroier.

Mon petit état touche à celui d'une puissance riche, formidable et d'autant plus redoutable qu'elle passe pour être invincible: car de tout temps elle a écrasé tous ses ennemis; aucune armée quelque nombreuse qu'elle ait été n'a pu vaincre les siennes. Ses armoiries consistent en un *Port-épée* d'or sur un fond vert, avec cette devise:

QUI S'Y FROTTE, S'Y PIQUE.

Cette puissance a présentement sur sa frontière, près de la mienne, une armée de cent mille hommes d'infanterie avec une nombreuse et bonne artillerie, campée à la vue de ma capitale, ouverte de tous côtés: c'est, dit-on, un camp de plaisance. Ce camp de plaisance me déplaît beaucoup, je veux l'attaquer.

Une incommodité, qui m'est survenue tout à coup, ne me permet pas de commander mon armée moi même. Je désire trouver un officier capable de la commander et d'aller battre, *avec mes mille soldats, mes cent mille ennemis*.

Si parmi les cinquante à soixante mille officiers subalternes (Lieutenants ou Sous-Lieutenants) qui existent présentement en Europe, il y en a un qui ait la capacité [14 a] et la volonté de me servir, voici les renseignements, les ordres et les conditions qu'il recevroit de moi.

Si pour vaincre ses ennemis, il ne s'agissoit que d'être supérieur en nombre d'hommes, de chevaux et de moyen matériel; de donner des coups et d'en recevoir; la guerre ne seroit plus un art, mais un vil et grossier métier de portefaix.

Ce qui constitue l'art, est la faculté, le moyen de résister à un très-grand nombre d'ennemis, avec très-peu de monde; et de vaincre de très-grandes armées avec très peu de soldats: de faire éprouver de très-grandes pertes à ses ennemis, sans en essuyer soi-même, ou n'en souffrir que peu, *extrêmement peu*.

Gédéon n'avoit que trois cents soldats; sans en perdre un seul, il vainquit vingt mille de ses ennemis.

Samson avec une mâchoire d'âne extermina mille philistins. Ce ne fut pas, de la part de Samson, *un beau fait d'armes*, ni même un beau fait de *mâchoire* [15 b]), car ce fut moins par sa force physique que par celle de son génie qu'il remporta cette victoire.

Les personnes qui connoissent bien l'art de la

---

14 a) Presque tous les officiers subalternes désirent être officier supérieur; c'est à dire de commander quelques mille hommes. D'un régiment, même d'un bataillon dépend quelquefois le sort d'une armée. Mille hommes peuvent empêcher la perte d'une bataille; mille hommes peuvent décider la victoire; cette victoire peut sauver un empire, peut occasionner la ruine d'un royaume, etc. etc.

15 b) Le plus beau fait de *Mâchoire* que j'ai vu en ma vie est celui de Monsieur * * * qui dans un repas nombreux a mangé, lui seul, plus que tous les autres convives ensemble.

guerre et l'esprit de la Bible, et liront l'histoire de *Samson* avec attention, verront clairement par quel moyen il a pu opérer un fait aussi extraordinaire ; et verront aussi que la même chose est encore possible aujourd'hui par le même moyen.

N'a-t-on pas vu, il y a peu d'années, un capitaine de fregatte angloise, sans perdre un homme, opérer une destruction horrible des flottes françoises et espagnoles combinées? Nous avons vu aussi de nos jours un Meunier avec un sac de farine mettre en fuite toute une armée de quatre à cinq mille hommes avec leurs canons. *Il n'y a presque rien d'impossible à la guerre!* Ne vous étonnez donc pas de ce que je vais vous proposer.

Vous voyez sur le Plan 27 (Planche I.), près de mon extrême frontière *a, a*, en A, marqué en bleu, mes mille soldats rangés en bataille pour observer l'armée de mes cent mille ennemis, marqués en rouge, rangés en bataille sur quatre lignes de vingt cinq mille hommes chaque; occupant une étendue de 17,266 pieds; à raison de 1282 pieds pour chaque régiment de 1923 hommes rangés sur trois fils ou rangs; et de cinquante pieds pour chaque intervalle (cela s'entend de la première ligne B. C.). Vous devez savoir comment on parvient à connoître exactement la force d'une armée ennemie; lors même que les corps qui la composent sont de différente force; comment aussi on peut connoître et tracer exactement leurs positions et dispozitions, ainsi que celles de leur artillerie; leurs ouvrages de campagne etc.

Mes mille soldats, postés en A, rangés sur trois fils ou rangs, occupent une espace de 666 pieds de longueur sans aucun intervalle. Il y a 5000 pieds de distance entre ma troupe A et la première ligne ennemie B. C. Cela fait une demi-portée de canon de campagne, ou six portées de fusils. Ce terrain est uni et facile à parcourir.

La position de ma troupe est mauvaise, le terrain qu'elle occupe est très-scabreux. La position de l'ar-

mée ennemie est bonne et forte, elle ne peut être attaquée que de front, de B. en C.: et ce front est miné
dans toute sa longueur ainsi que tout le terrain qu'occupe l'ennemi; de sorte qu'à chaque pas que vous
y ferez vous verrez des explosions de fougasses capa-
bles de détruire des régimens entiers en un clin-d'oeil.

Mais le général ennemi a un grand désavantage;
c'est d'être obligé, par des ordres absolus de son gouvernement de se tenir constamment sur la défensive;
c'est ce qui me détermine et m'enhardit à l'attaquer
avant que cette circonstance politique change: car si
ce général, avec des forces aussi considérables, pouvoit agir offensivement, mes mille soldats, ainsi postés, pourroient n'être pour lui qu'un déjeûné à la
fourchette, peut-être même qu'une petite croustille
pour le dessert ou le goûté. Ce qui probablement,
arriveroit aussi si mes mille soldats attaquoient tout à
la fois, ou manoenvroient mal.

Mes mille soldats n'ayant ni composition ni officier, vous pourrez diviser et subdiviser cette petite
troupe comme vous le voudrez; mais vous devrez di-
riger vous même tous leurs mouvemens et opérations,
et cela avec un tel art, que mes soldats ne souffrent
nullement de l'effet des fougasses, ni du feu de l'artillerie et de la mousqueterie ennemie.

La première chose que je demande c'est que vous
vous empariez de toute l'artillerie de l'ennemi et que
vous vous en serviez contre lui; c'est à dire de le battre avec ses propres armes. Mais cette artillerie étant
très-nombreuse vous ne pourriez l'employer toute; il
faudra donc encloner toutes les pièces dont vous ne
pourrez vous servir; de sorte que l'ennemi ne puisse plus
en faire jouer une seule contre vous, et que vous le
foudroyez avec plusieurs canons que vous lui aurez pris.

Je demande, en second lieu, que vous fassiez sur
l'ennemi le plus de prisonniers possible, et que vous
les fassiez transporter dans ma capitale, pieds et poings
liés, pour que je puisse en disposer comme il me plaira.

Troisièmement; il faut qu'après la bataille, qui
durera plusieurs jours, tous mes mille soldats me

soient remis *sains et sauves*, c'est à dire qu'il n'y en ait aucun de tué, de blessé, de prisonnier ou d'égaré.

Quatrièmement; je verrois avec plaisir, qu'après avoir fait sortir mes mille soldats de la mauvaise position qu'ils occupent, vous les mettiez en possession de la bonne position de l'ennemi; et que pour combattre celui-ci avec encore plus d'avantage, vous le jetiez dans la mauvaise position que vous auriez quittée. J'aimerois aussi qu'en le combattant dans sa bonne position vous fassiez en sorte que les explosions de ses fougasses se fassent à son propre préjudice et qu'aucun de mes soldats n'en souffre.

Cinquièmement; je désire que la bataille se prolonge jusqu'à ce que l'ennemi soit tellement vaincu que je sois maître de tout le terrain situé à la droite du fleuve *Puti*, de sorte que ce fleuve serve de frontière à mon royaume; il est probable que cela arrivera, si l'ennemi, éprouvant des pertes continuelles ne pouvant avoir aucun avantage sur mon armée ni avancer dans mon pays, voyoit que sa retraite au delà du fleuve fut le meilleur parti qu'il put prendre.

Tout ce que je demande *n'est point impossible*; je sais ce qu'il faut faire pour réussir, dans une entreprise aussi difficile qu'extraordinaire: avant de vous l'expliquer, je désire que vous étudiez ce problème pour en trouver toute la solution, d'après les connoissances que vous avez déjà de l'art des batailles. Je vais vous donner encore quelques renseignemens nécessaires.

Mes mille soldats sont braves, fidels, bien disciplinés et de bonne volonté; ils vous obéiront exactement et promptement, vous les *manirez* comme vous voudrez; c'est un grand avantage pour vous.

Mais le général ennemi aura, sur cet article, le même avantage, car tous ses cent mille soldats possèdent ces bonnes qualités au même dégré.

Le général ennemi, qui commande cette armée de cent mille hommes avantageusement postée avec une artillerie bonne et nombreuse, est également redoutable par ses qualités physiques et morales, sa science, ses talens, son adresse; par une très-longue expérience et de nombreux succès, qui, lui persuadant qu'il est invincible, lui donnent dans les combats une ténacité inébranlable. Il est fertile en *ruses de guerre*, vous devez les connoître *toutes* pour ne point tomber dans les piéges qu'il vous tendra. On l'accuse, sur cet article, de n'être pas toujours délicat dans les moyens qu'il employe: vous devez vous en défier.

Vous pourrez aussi employer les ruses loyales, telle que fausse démonstration etc., mais je ne veux pas que vous fassiez usage de moyens illicites, tels que de corrompre ses officiers, ses soldats, ses gens; de soulever les habitans du pays contre leur souverain légitime, ou d'exciter des troubles dans ses états; parce que l'expérience de tous les tems a prouvé que les puissances qui se permettent de telles intrigues politiques finissent par être punies de la peine du taillon.

Je veux vous donner une idée de la tactique ordinaire de ce général (qui en a plusieurs autres). Dès l'instant que vous aurez commencé l'attaque, vous verrez, outre un terrible feu d'artillerie, qu'il mettra son armée dans un mouvement continuel et rapide, et si rapide qu'à chaque minute vous verrez un changement de disposition dans l'état de son armée; toutes ces lignes, même la première, offriront une espèce de confusion des dispositions dont le but paroîtra souvent inconcevable; vous en voyez en échantillon par le plan 27. Un instant après tout sera changé, et encore un instant après vous verrez un changement presque général: de sorte qu'en cinq heures de combat vous verrez plus de quatre cents situations différentes de l'état de sa bataille. Il vous sera cependant nécessaire de les observer tous; il ne faut pas qu'un seul mouvement vous échappe; car vous manqueriez l'instant propice. Vous voyez que vous aurez besoin d'une patience extraordinaire, d'un sang-froid inaltérable, d'une attention extrême, continuelle et telle qu'elle ne puisse être distraite par le fracas du bruit, la chaleur la plus excessive, par aucun des nombreux embarras qu'on éprouve sur un champ de bataille, par l'imminence du danger; pas même par la foudre si elle venoit à tomber. D'un clin-d'oeil vous devrez observer chaque mouvement, pénétrer son but, prévoir ses suites, ses conséquences; combiner vos moyens d'attaques; vous déterminer sans hésiter, très-promptement cependant avec art et sagesse, ordonner et faire exécuter; et tout cela, je le répète, en moins d'une minute: et continuer les mêmes opérations de minute en minutes tant que la bataille durera; sans avoir le tems de boire un verre d'orgeat ni de prendre une prise de tabac. Tout cela vous sera encore plus difficile lors que la bataille continuera pendant la nuit. Jugez des difficultés; de la peine que vous aurez, de l'art, de l'activité, du courage qu'il vous faudra. Voyez comment vous pourrez faire pénétrer vos pelotons de soldats au travers de la première ligne ennemie jusqu'à la seconde, la troisième, même la quatrième; aller et revenir par un labyrinte d'intervalles; comment vous pourrez en trouver dans une ligne plaine comme la première B. C. Voyez comment vous pourrez exécuter plusieurs attaques à la fois, au centre, sur la droite, sur la gauche; soutenir les uns, faire rétirer les autres à propos, et allier sans cesse la plus grande prudence avec une grande hardiesse; et tout cela, sans jamais perdre la tête un instant.

Ah! le métier de général de bataille n'est pas toujours facile!

Plusieurs personnes trouveront ce programme extravagant et d'une exécution impossible; je prouverai le contraire. Je ne proposerai pas l'emploi *des pots cassés* de Gédéon; ni de *la mâchoire d'âne* de Samson, nous avons plusieurs autres moyens de vaincre nos ennemis.

Tout officier, qui, après avoir bien étudié ce problème, n'en pourra pas trouver la solution, fera fort bien de renoncer au désir d'avoir à commander un millier de soldats; car il y auroit beaucoup à parier qu'il les conduiroit plutôt à la boucherie qu'à la victoire. Étudiez donc sans vous décourager; souvenez vous toujours de cette chanson:

Se rebuter tout à coup,
C'est folie.
Le travail vient à bout de tout
Dans la vie.

On a toujours dit que pour faire la guerre il y avoit trois choses indispensables, qu'on devoit commencer par se procurer 1) de l'argent, 2) de l'argent, et 3) encore de l'argent.

On peut dire la même chose des Jeux de Hasard, que de la guerre. Pour réussir à la guerre et au jeu il y a encore trois autres choses très-essentielles et indispensables 1) de la patience, 2) de la patience et 3) encore de la patience. On voit beaucoup de joueurs qui ont de l'argent, et même beaucoup d'argent; mais combien y en a-t-il qui ont de la patience? je n'en ai presque pas connu. À peine voit-on un jeu de hasard, vite on veut jouer; vite, vite on veut gagner; et vite, vite on perd vitement son argent!! Mr. S. m'ont dit cent joueurs, que vous jouez bien, apprenez moi votre *martingale*. — Monsieur, je n'ai pas de martingale; — Eh bien, apprenez moi votre *marche*. — Je n'ai pas de marche. — Enfin votre *manière* de jouer. — Je n'ai pas de manière particulière et il ne peut exister une manière générale de jouer pour gagner sûrement; comme il ne peut y avoir de manière générale de combattre pour être sûr d'être victorieux. — Mais vous, finissez toujours par gagner! comment jouez vous? comment jouez vous? Apprenez moi cela. Cela ne vous empêchera pas de jouer et de gagner encore. — Monsieur, bien jouer est un talent: et aucun talent, même le plus mince, ne se donne pas comme on donne une prise de tabac. Il faut travailler et étudier pour l'acquérir. Pour vous faciliter et abréger ce travail, cette étude, je vais vous exposer, le plus clairement et le plus brièvement qu'il me sera possible, ce qu'un travail immense, de longues études et beaucoup d'expériences m'ont appris sur les Jeux de Hasard. Mais avant cela j'ai encore deux mots, quatre mots à dire.

Quand un général auroit tous les talens militaires et des millions de soldats, s'il n'a pas de patience, beaucoup de patience, il finira par être vaincu. Fabius général romain par sa grande patience triompha de ses ennemis et Annibal, son antagoniste, avec un grand caractère militaire, beaucoup de talens, de valeur, après plusieurs victoires éclatantes fut réduit à prendre honteusement la fuite et à s'empoisonner lui même.

Un politique, avec tous les talens et toutes les finesses possibles, s'il n'a pas de patience, ne fera que de la bouillie pour les chats. Un joueur qui connoîtroit parfaitement les Jeux de Hasard et posséderoit tout l'argent et l'or du Pérou, *perdra tout*, s'il n'a pas une extrême patience.

Les généraux, les politiques et les joueurs devroient prendre pour emblême un chat qui guette la souris, avec cette devise: *Qui sait attendre, est sûr de prendre.*

— La *patience* étant la première chose nécessaire, la plus nécessaire pour jouer avec grande probabilité de gain, avec assurance de gain; j'ai cherché à procurer cette précieuse vertu aux amateurs du jeu, (en exerçant leur patience par un très-long préambule. Je les sollicite très fortement, pour leurs intérets, de lire ce petit ouvrage avec une très grande patience et assez d'attention pour pénétrer tout ce qu'il contient d'instruction sur les jeux; c'est ici la pierre de touche de leur intelligence sur cette matière et de leur patience pour la pratique. S'ils voient que l'une ou l'autre n'est pas du meilleur aloi, il feront fort bien, très-bien de renoncer pour toujours aux Jeux de Hasard.

Beaucoup de personnes jugent des Jeux de Hasard par le mal qu'ils en entendent dire. Beaucoup d'autres n'en jugent que par les tripots de jeux qu'ils ont vus dans les auberges, les cabarets et quelques coupe-gorges. C'est comme si l'on jugeoit des femmes, en général, par celles qu'on auroit vues dans les lieux de prostitutions.

La condamnation générale des Jeux de Hasard déshonore ceux qui la prononcent; parce qu'elle manifeste leur ignorance et qu'elle est une preuve de leur défaut de bonne société, de connoissance du grand monde.

C'est aux Eaux-Minérales les plus célèbres de l'Europe telles que *Bath*, *Spa*, *Ais-la-Chapelle* et *Pyrmont* qu'on peut en juger raisonnablement. C'est là où l'on trouve, où l'on voit, où l'on jouit de ce que n'offrent pas les plus grandes villes, ni même les plus grandes capitales.

On voit ici, sur la Planche 2. le plan du *Waux-hall de Spa*. Les carrosses entrent par *a* et sortent par *b*. Ayant mis pied à terre, à couvert, on monte un escalier à double rampe et on arrive sur le grand pallier *c*. où sont quelques soldats de garde. Du pallier *c*. on entre dans le grand salon, qui, par sa grandeur, son élégance, la richesse et le bon goût de sa décoration, et la beauté de son plafond, dont la peinture est allégorique, frappe et charme.

Au fond du salon sont deux tables de *Trente-et-Quarante*: à l'une on ne joue que de l'or, la moindre mise est d'un louis; à l'autre on peut jouer de l'argent blanc, la moindre mise est d'un écu. Près de la croisée est une table ronde de *Kreps* qui sert aussi pour le *Passe-dix*. À l'opposite des trois croisées, qui sont très-larges, hautes et de forme ceintrées, sont trois portes vitrées de même dimension: deux donnent dans une salle où est une table de *Pharaon* où on ne joue que de l'or; à côté est un grand cabinet où est la table du *Biribi*. Au fond du salon est la porte du buffet; d'où l'on passe dans la pièce *d*. qui est une très-grande salle pour les déjeûnés et les fêtes: auprès est une autre salle *e*.

Sous la salle *d*. est une cuisine on office de même grandeur où sont deux cheminées et plus de cent potagers.

La grandeur et la beauté du salon et des salles, et la grande quantité d'or qu'on voit sur les tables de jeux, n'est pas ce qui frappe le plus agréablement la vue; mais la qualité des personnes qu'on y voit. Les plus grands Monarques, les Princes-souverains, les premiers Ministres d'État, les plus célébres généraux, les plus riches seigneurs de l'Europe. Impératrices, Reines, Princesses-souveraines et Dames du plus haut parage, viennent embellir ce lieu célébre. C'est dans une assemblée de personnes aussi illustres, qu'avec une mise décente et une conduite honnête, peut s'introduire librement et gratuitement le simple gentilhomme, le magistrat, l'officier subalterne, le négociant et l'artiste. Là tout *est égal*, la place au jeu ou sur un canapé est au premier occupant: le négociant est à côté d'une Princesse-souveraine, le simple magistrat près d'un grand Monarque. Là on se promène librement; le premier Ministre parle au sous-lieutenant, le simple gentilhomme est honoré d'une question, d'un mot flateur par une Princesse, par une Reine. L'artiste prend sa tasse de chocolat prés d'un généralissime etc.

C'est le matin vers dix heures, que les étrangers, au retour de la promenade et des fontaines, se rendent au Wauxhall, où le jeu dure deux heures, depuis onze jusqu'à une. Le soir l'assemblée a lieu à la *redoute*, qui est un bâtiment également spacieux, où est un trés-joli théatre, un superbe et très-riche salon en péristile pour le bal, un autre beau salon et plusieurs belles salles pour les Jeux de Hasard. Toutes ces pièces sont au premier étage. C'est dans le rez de chaussé que sont les billards.

Il y a encore, à Spa, un troisième bâtiment nommé le *clube*, dont le grand salon est encore plus spacieux que les précédens.

Au bas de la même planche 2. on voit le plan de la *Grande-Redoute* d'Aix-la Chapelle (Achen). L'on entre par *a*, et passant sous des arcades on arrive dans le jardin par *b.*; on entre dans ce même jardin par *c*. Des arcades *a*, *b*, on arrive par d'autres au grand escalier *d*. La garde est sur le pallier supérieur *e*, le grand salon, éclairé par les deux bouts est d'une grande élévation, ayant la hauteur de deux étages et conséquemment éclairé par douze croisées: la décoration en étoit riche et trop riche; la révolution a corrigé ce défaut.

Il n'y a qu'une table de *Trente et Quarante* placée vis-à-vis de la porte d'entrée; la plus basse mise est d'un écu. À droite de l'entrée est une table de *Biribi*; ces deux jeux étoient les seuls qu'on y jouoit. C'est dans ce salon que se donnent les bals: alors le *Biribi* n'a pas lieu et la table de *Trente et Quarante* se place, comme il est marqué, dans une grande salle voisine, à droite. À gauche est le buffet; et vis-à-vis une salle, pour les ratraîchissements. L'orchestre est dans la tribune *f*. (Au Wauxhall de Spa est une semblable tribune au dessus de la porte d'entrée.) Outre cette *grande-redoute* il y en a une autre à quelques pas de celle-ci, aussi sur le Compesbad, qu'on nomme la *petite-redoute*, qui est plus ancienne et moins grande. Il y a encore, hors de la porte de saint Adalbert, un *Wauxhall* avec un joli jardin nommé Kätschenburg. On joue alternativement dans ces trois lieux pendant toute l'année; mais à Spa on ne joue qu'en été. Le plus grand nombre des étrangers passent les mois de Mai et Juin à Aix: Juillet et Août à Spa; et reviennent passer les mois de Septembre et Octobre à Aix.

Il n'y a de jeux et d'étrangers à Spa que pendant trois mois de l'année depuis la fin de Juin jusqu'au commencement d'Octobre, Spa n'ayant que des eaux minérales froides; celle d'Aix sont chaudes, on les boit aussi en Mai, dans le jardin de la *Grande-Redoute*: les bains en grand nombre, se trouvent dans plusieurs maisons, ainsi qu'a *Borcette* (Burtscheid) gros bourg à une demi-lieue d'Aix. On trouve les mêmes genres de sociétés et d'agrémens à Spa, à Aix et à Pyrmont, les descriptions qu'on en a publiées nous dispensent d'en parler d'avantage; nous reservant quelques observations générales pour la fin de cet ouvrage.

Il y a un grand nombre de Jeux de Hasard et de diverses espèces; nous ne parlerons ici que de ceux qu'il est essentiel de connoître et plus particulièrement de ceux qui sont les plus en usage.

Nous les diviserons ici en cinq espéces considé-
rées matériellement.

1) Le *Pile-ou-croix* qui se joue avec des piéces de
monnoies.

2) Les Jeux de *Dés*, qui se subdivisent en plusieurs
sortes; telles que le *Kreps*, jeu anglois; le *Passe-dix*, jeu françois [16]); l'*Egalité*, autre jeu
françois, enfant bâtard du *Passe-dix*; habillé de
rouge et de noir: c'est un vil et misérable jeu de
cabaret qui ruine les ouvriers, cordonniers et autres gens de même espéce. Les *Lotteries d'effets* [17]).

3) Les *Tourniquets*, qui amusent, tourmentent et ruinent la populace.

4) La *Roulette*, on en voit de toutes grandeurs.

5) Les *Jeux de Numéros*, tels que le *Biribi*, le
Lotto et les *Lotteries-à-classes*.

5) Les *Jeux de cartes*, dont les diverses espéces
sont incalculables: nous ne parlerons ici que du
Trente et Quarante, du *Pharaon* et de *la Bassette*.

On peut voir dans l'Encyclopédie au mot *Jeu*, ce
qui y est dit des jeux de cartes de sociétés, tels que le
Brelan, le *Piquet* etc.: où les tours de force les plus
surprenants y sont dévoilés dans le plus grand détail.

---

16) Voyez sur le *Kreps* et le *Passe-dix* la Théorie des
Jeux de Hasard, par Huyn.

17) Voyez l'Encyclopédie, aux mots *Jeu* et *Lotterie*.

JEUX

DE
PILE - OU - CROIX,
ET
DE DÉS.

PLANCHE 3.

Planche 3. Jeu de PILE-OU-CROIX. *Figures* A. B.

Autrefois il y avoit de grandes pièces de monnoie d'argent où d'un côté il y avoit un ou deux piliers et de l'autre côté une croix. On jouoit avec ces pièces en les jetant en l'air: il falloit deviner quel côté seroit au dessus lorsque la pièce seroit tombée par terre. Ce jeu a encore lieu présentement, avec de gros écus, la tête compte pour croix et les armes pour pile. Les paris sont plus ou moins forts; mais les plus modiques, lors qu'on joue plusieurs fois *quitte ou double*, montent à des sommes exorbitantes. Ce jeu est très-dangereux sous tous les rapports. C'est toujours spontanément qu'il se propose et se joue: dans une partie de promenade, dans une halte de chasse, ou marche de troupes, en voyages, dans les auberges etc. C'est un des jeux favoris des chevaliers d'industrie, des joueurs de profession, des avanturiers et des escrocs, espèces de gens si multipliés aujourd'hui qu'on en trouve par tout en grand nombre.

Les maîtres filoux ont toujours dans leur poches des pièces qui paroissent d'égales qualités, mais dont les effets sont différents: les unes aménent plus souvent croix que pile, d'autres présentent plus souvent pile que croix; ils se servent alternativement de l'une ou de l'autre espéce pour leur plus grand profit et au préjudice des dupes qui ont la sottise de jouer avec eux.

Si un écu étoit limé dans son pourtour de maniére que le côté croix seroit plus petit que le côté pile, ainsi qu'on le voit en *D.*, ce côté croix viendroit plus souvent en haut: le côté pile ayant plus de surface et conséquemment plus de pésanteur tomberoit presque toujours du côté de la terre; c'est-à-dire que pile perdroit beaucoup plus souvent que croix. Ceci n'est qu'une démonstration nécessaire pour la connoissance des causes physiques des *vices* des Jeux de Hasard; aucun joueur ne pourroit se servir d'une piéce aussi défectueuse que celle *D.* puisque son imperfection, et conséquemment la fraude seroit trop visible.

Une maniére secréte et invisible de *vicier* les grandes piéces de monnoie d'argent, se voit par la figure *E.* pour cét effet on enlève, au moyen d'une scie extrêmement fine, une surface de la piéce; nous supposerons ici que c'est celle du côté *E.* On creuse alors la piéce jusqu'à la moitié de son épaisseur et on remplit ce creux, très-parfaitement et solidement, avec une piéce d'or ou de cuivre, puis on soude la surface qu'on a enlevée et on rétablit le cordonnet de maniére qu'on ne puisse voir aucune trace ni indice de cette opération frauduleuse. Avec une telle piéce, dont les deux surfaces sont d'une égalité parfaite, le côté où est l'or tombera presque toujours en dessous: et, au contraire, si la piéce incrustée étoit de cuivre le côté où elle seroit arriveroit presque toujours au dessus. Mais les joueurs de profession et escrocs n'ont pas absolument besoin de ce moyen frauduleux, ils en ont un plus simple que voici.

Prenant plusieurs grosses pièces de même valeur, et dont les deux superficies de chaque paroissent égales, comme C. F. ils les jetent, les unes après les autres, plusieurs centaines de fois en l'air et comptent combien chaque pièce a amené de fois pile, et combien de fois croix. Si ces deux chances se trouvent à peu près égales, la pièce ne peut leur servir pour le jet du jeu. Mais à force d'en éprouver ils en trouvent quelques unes qui amènent beaucoup plus souvent pile que croix et d'autres qui amènent beaucoup plus souvent croix que pile. Ces pièces sont conservées bien soigneusement, par eux, et séparement. Un escroc ne donneroit pas un écu de cette espèce pour deux louis, puisqu'à la longue il pourra lui en faire gagner plusieurs centaines. On peut en juger par l'exemple suivant. Je suppose que je joue à ce jeu, avec un de ces chevaliers d'industrie, qui, ayant l'adresse d'un escamoteur, à deux pièces différentes en main de manière à ce que je n'en vois jamais qu'une, et qu'il les change à sa volonté sans que je puisse m'en apercevoir. Je parie pile, il amène croix; traçant une ligne verticale sur une carte à jouer ou sur un morceau de papier, je marquerai une croix à droite, comme on le voit en *M.*, sous la lettre *C.* Planche 3.) qui signifie croix, par opposition à pile qui est indiqué *P.* à gauche de la ligne. Gageant encore pour pile, je gagne et marque un trait — après la croix à gauche de la ligne. Continuant à parier pour pile et marquant chaque fois que je perds par une croix † et chaque fois que je gagne par un trait —; on voit qu'en huit jets, j'aurois gagné deux fois et perdu six fois, et que si j'ai gagné un écu chaque fois je me trouverai en perte de quatre.

Voici la ruse qu'employent les chevaliers d'industrie pour attirer un jeune homme, ou un homme imprudent, dans le piège. Deux de ces filous, d'accord entre-eux, et faisant semblant de ne pas se connoître, se trouvent au même lieu: lors qu'ils voyent une personne qu'ils jugent facile à attraper (c'est ce qu'ils appellent un *pigeon*); un des deux escrocs s'amuse à jeter une pièce en l'air, l'autre vient lui proposer de parier pile ou croix pour telle somme (telle qu'un écu), le premier refuse, le second insiste pour la moitié, puis pour le quart; le premier accepte enfin, comme par complaisance; le second gagne, le premier propose quitte ou double, le second gagne encore, et ainsi plusieurs fois de suite, la somme de gain est devenue assez considérable et toujours restée en évidence au jeu; le premier ayant payé comptant à chaque coup. Lors qu'ils s'aperçoivent que le *pigeon* est amorcé par la vûe du grand gain que le second a fait, ils font changer la chance, le premier gagne à son tour et le second perd d'un seul coup tout ce qu'il avoit gagné en plusieurs: il se retire affectant de la mauvaise humeur: puis, dit au *pigeon*, j'ai mal fait de ne pas me retirer après la cinquième fois que j'avois gagné: mon quart d'écu m'ayant produit huit écus de gain! Je veux recommencer, voulez vous être de moitié avec moi, je proposerai un demi-écu pour nous deux, vous voyez qu'il a de l'argent! après que nous aurons gagné trois fois de suite ayant huit écus de bénéfice, nous finirons de jouer.

Le *pigeon* y consent, au lieu de gagner il perd; on lui propose quitte ou double, il y consent pour régagner sa perte; il l'augmente, et perd constamment jusqu'à ce qu'il soit épuisé ou las de perdre. Ce que le second a perdu lui est rendu par le premier, sans que le *pigeon* le sache: et celui-ci au lieu de gagner quatre écus, comme on lui avoit fait espérer, se trouve en perte de huit ou seize, ou plus encore.

JEUX DE DÉS. Il y en a de plusieurs espèces, ainsi que nous l'avons déjà dit. Le plus commun est celui de *Paire ou Non*. Les Dés sont susceptibles et même plus susceptibles de *vice* physique que les pièces de monnoie: Autrefois on se servoit de Dé plombé; la friponnerie est présentement plus raffinée. Si un Dé étoit fait comme celui G. H. le point un viendroit presque toujours au dessus; sa face étant la plus étroite. Ce n'est encore ici qu'une démonstration. Quelque habile que soit un ouvrier, il ne peut faire un Dé dont la forme cubique soit parfaite; et la moindre imperfection, ne fut-elle que de l'épaisseur d'un cheveu, suffit pour amener de certaines chances plus fréquemment que d'autres.

Plus les Dés sont petits, plus leurs imperfections sont difficiles à découvrir, et plus les effets de leurs imperfections sont considérables. En supposant que la forme cubique d'un Dé fut parfaite, si la texture de la matière dont il est formé n'est pas égale dans toutes ses parties; s'il y en a de plus compacte de plus dense, conséquemment plus pésante; le côte du Dé où ce défaut existe viendra plus souvent en dessous qu'aucun des autres côtés. Mais lorsque l'imperfection cubique est jointe au vice de la matière, quelque legère et insensible que soit l'une et l'autre, leur effet, à la longue sera très-considérable. Or, les joueurs de profession, les chevaliers d'industrie savent se procurer de tels Dés; soit qu'ils les fassent faire ou qu'à force d'en éprouver ils en aient trouvé tels qu'ils les désirent. Si après avoir jeté plusieurs centaines de fois le Dé, I. K. en tenant note de points qui arrivent en haut, ils voyent que la face I. et conséquemment le point de *deux* arrive le plus souvent ils conserveront ce Dé sous enveloppe avec la marque du point gagnant et le taux de sa supériorité sur les autres points: par exemple, en six cents jets, chacun des six points, doit arriver cent fois; ou à très-peu-près. On marque ainsi la différence, En 600 jets, 230 fois 2. ou En 600 jets 270 fois 2. etc. Après avoir fait une collection de Dés imparfaits et de tous points, et plusieurs de chaque point, ils choisissent les plus imparfaits ou les plus convénables au jeu qu'ils se proposent de jouer. Sur quoi nous ferons encore remarquer qu'ils donnent la préférence aux plus petits Dés, et que des Dés aussi petits que ceux L. seroient les plus dangereux. Outre l'imperfection cubique et celle de la matière, il y a encore celles qui résultent de certains coins plus ou moins émoussés ou arondis. Il faut donc se méfier des Dés fournis par les joueurs et ne pas même se fier aux Dés fournis par les plus honnêtes ban-

quiers, parce qn'il arrrive quelquefois que les croupiers, assistans ou garçons domestiques chargés de les
garder et de les fournir, de les changer de tems-entems, s'entendent comme larrons en foire avec les
chevaliers d'industrie.

Mr. Huyn, auteur de *la Théorie des Jeux de
Hasard* m'a dit avoir vu passer cinquante trois fois de
suite au Passe-dix. Les personnes qui jouent souvent à ce jeu aiment à parier *pour* et pas *contre*. Elles en apportent pour raison que celui qui tient le
cornet ne peut *manquer* qu'une fois mais *passer* plusieurs fois. Si un joueur passe plusieurs fois, plusieurs joueurs, de suite, manquent: l'expérience prouve qu'il y a égalité *de l'asse* et *de Manque*, lorsque
le jeu est joué loyalement avec de bons nés. Mais les
partisans du *Pour* savent qu'on se sert rarement de nés
viciés pour *Manquer*, mais souvent pour *Passer*. Il
ne faut pas se laisser séduire par les raisonnemens
spécieux des joueurs, et les exemples qu'ils apportent.
Le *Passe-dix* et le *Pharaon* ont toujours été les deux
camps de plaisances des escrocs et des *fripons*; la Bassette fut et sera toujours celui des *dupes*. Mais c'est
au *Passe-dix* qu'on voit le plus de chevaliers d'industrie; c'est leur jeu favori, parce que c'est celui où ils
peuvent le plus facilement exercer et faire briller leur
funeste savoir-faire. Si vous pariez *pour* on man-
quera; si vous pariez *contre* on passera. Aussi ce
jeu, *qui est françois*, est si décrié en France, que parmi les vingt tables de jeu établies à Paris, il n'y en
a qu'une pour lui. Cependant on le trouve dans tous
les récoins de la France, parceque partout il y a des
escrocs et des dupes.

Outre les *vices physiques matériels* des nés, que
nous avons dévoilés, il y a encore dans tous les jeux
de nés, des *vices de productions* qui ont aussi leurs
causes physiques. Nous n'en parlerons pas ici; ce
que nous avons dit de ces jeux, doit suffire pour les
faire éviter comme le mal vénérien, la peste et la
fievre-jaune. Malheureusement les jeux de nés,
sont ceux qui se produisent le plus facilement, sans

fraix et sans pouvoir être atteint par aucune des mesures du gouvernement ni des recherches de la police. Il y en a cependant un qui n'a pas ces derniers avantages et qui malgré cela est présentement fort commun en Allemagne: c'est *l'Egalité*. Il consiste en un tableau à peu-près semblable à celui du *Biribi*, mais qui n'a que six numéros, qui sont les six points du dé. Ses chances sont les mêmes que celles du *Passedix*, mais il se joue différemment. Chaque ponte place une mise quelconque sur un, ou sur plusieurs numéros; qui sont payés double, triple etc., suivant la chance amenée par les dés du Passe-dix qu'on jete dans une espéce de double entonnoir. À ces dés en est joint un qui a trois faces, noire et trois rouges, la couleur de la face de ce dé qui vient au dessus fait gagner les pontes qui ont mis à cette couleur peinte sur le tableau par bande ou compartiment. Ce jeu est *vicié* et est susceptible de fraudes par le banquier qui le tient, mais non pas par les *pontes* qui ne peuvent être que dupes. D'ailleurs l'avantage du banquier y est si exorbitant qu'il ne faut pas y jouer longtems pour perdre tout son argent.

Il est remarquable qu'à ce jeu, et au *Passe-dix*, les pontes y jouent aveuglement sans aucune spéculation, sans même marquer de tailles du produit de leurs chances. Il en est de même au *Pharaon*, et à la *Bassette*. On peut dire de ces pontes ce que *David* disoit des idoles d'Égypte:

OCULOS HABENT ET NON VIDEBUNT.

Ps. 113.

Rien n'est cependant plus aisé que de marquer les tailles: on en voit la preuve par les exemples qui sont à la troisième planche. On voit en M. comment l'on marque les tailles de *Pile ou Croix*, on y voit 2 Piles gagnant en intermittentes, et six Croix, gagnantes en trois chances, une intermittente, un coup de deux et un coup de trois.

On voit en N, le commencement d'une taille de *Passe-dix*: en huit jets il y a eu trois *manques* mar-

quées par trois croix; et cinq *passes* en trois chances,
dont une intermittente, et deux coups de deux. Les
passes sont marquées par des zéros, o.

Avant de parler des autres Jeux de Hasard, nous
devons examiner les chances qu'ils produisent, ce que
l'on entend par *vice de production*, par *jeu vicié* et
par *jeu parfait*.

Nous prions le lecteur, qui voudra connoître à
fond et parfaitement les jeux de Hasard, de lire lentement avec attention, patience et réflexion ce que
nous allons démontrer et expliquer. Nous le prions
aussi de nous permettre, pour plus de briéveté et de
clarté, de nous servir du style familier.

Nous avons fait voir par l'exemple M. comment
on doit marquer les effets du Jeu de *Pile-ou-Croix*
et par celui de N. ceux du *Passe-dix*. Lorsque ces
jeux sont prolongés, les lignes et les marques doivent
l'être aussi jusqu'à la fin du jeu. Si, par exemple,
on jetoit quatre-vingt fois un écu en l'air, on feroit
quatre-vingt marques; marquant à gauche les piles et
à droite les croix; en observant de les placer à distances égales : alors la ligne verticale de marque M. auroit dix fois plus de longueur qu'elle n'en a ici à la
planche 3.

Si vous voyez jouer au *Passe-dix*, amusez-vous,
sans jouer, à marquer sur une ligne verticale les *Manques* par des croix à gauche; et les *Passes* par des
zéros à droite, comme en N. de manière qu'après quar-
rant jets, cette ligne de marques soit cinq fois plus
longue que celle-ci N.

Si vous voyez jouer à la *Roulette*, marquez aussi,
pour vous amuser, les effets de ce jeu, sur une longue ligne telle que celle X. Y. Lorsque la *rouge* gagnera faites un petit trait rouge à droite de la ligne; et
lorsque la couleur *noire* gagnera faites un petit trait
noir à gauche. Vous vous servirez pour cette opération d'un petit porte-crayon, ayant d'un côté un
crayon noir (*schwarzer Bleistift*), et de l'autre un
crayon rouge (*rother Bleistift*).

On voit de X. én Y. une suite de soixante-qua-tre coups, dont 32 sont noirs et 32 sont rouges. Des cinq premiers coups il y en a deux noirs et trois sont rouges, et qui sont alternativement une rouge, puis une noire, puis une rouge etc., voilà ce qu'on nomme in-termittentes. On voit ensuite que la couleur noire a gag-né trois fois de suite, après quoi la rouge a gagné aussi trois fois. Cela se nomme des coups (*chances*) de trois.

On voit que ces 64 coups ont produit 16 intermit-tentes, 8 coups de deux, 4 coups de trois et 4 séries. On nomme particulièrement série les coups de quatre et au delà, tels que de cinq, de *six*, de dix etc. Lors qu'une couleur gagne plusieurs fois de suite, il faut les lier ensemble par un trait à leurs extrêmités, et ombrer légèrement les séries; pour qu'on puisse voir, distinguer clairement et compter facilement les diver-ses chances qui sont arrivées, cette observation et ces calculs faciles et prompts étant très-essentiels pour pou-voir prévoir la proximité ou l'éloignement probable des chances futures.

Les 64 coups de X. en Y. présentent 32 chances; qui sont 16 intermittentes, 8 coups de deux, 4 coups de trois, et 4 séries. Ces 32 chances se trouveroient dans un rap-port parfait entre-elles si un des deux coups de six n'é-toit que de cinq. Il faut encore observer ici que des 16 intermittentes il y en a 4 qui sont arrivées seules: que deux fois il en est arrivé deux de suite; une fois trois et une fois cinq. C'est ce qui forme 8 chances d'in-termittentes, qui se trouvent entre-elles dans un rap-port parfait: mais ce rapport seroit encore plus par-fait s'il n'y avoit d'abord que quatre intermittentes de suite. Ce n'est ici qu'un exemple (très-court pour le rendre plus claire) des conditions nécessaires pour qu'un jeu soit parfait. Avant de développer cela plus amplement, je dois faire remarquer que les cinq pre-miers coups doivent être considéré comme une série de cinq intermittentes; sur laquelle on pourroit gagner un *quinze-le-va*, aussi bien que sur une série de cinq noires ou cinq rouges consécutives, en jouant à la per-dante au lieu de jouer à la gagnante.

Il est possible qu'une suite de 64 coups présente,
ce rapport parfait des 32 chances; mais c'est un fait
qui doit être extrêmement rare. Ce n'est qu'à la
longue qu'on peut trouver dans un jeu, absolument
parfait, le complément de rapport parfait, entre
toutes les chances qu'il a produites; et voilà ce qui
rend la connoissance approfondie complette et parfaite d'un jeu quelconque, extrêmement difficile, par
le travail excessif qu'il faut faire pour cela.

Tel est l'effet du Hasard, dans les jeux les plus
parfaits de ballotter ces chances, de manière à ce
que les unes se produisent quelquefois plus souvent
que d'autres, mais de tems en tems elles se trouvent dans leurs rapports proportionels. Ces époques d'égalités proportionelles sont quelque fois très-
éloignées, et quelquefois très - rapprochées. C'est
entre les chances les plus communes que les époques
d'égalités proportionelles sont plus fréquentes.

Pour connoître si un jeu est parfait ou s'il est
vicié, il faut marquer, comme en X. Y. plusieurs
centaines de mille coups gagnans et perdans; ou,
de rouges et de noirs, puis compter les chances,
qu'ils ont produites pour voir si elles se trouvent
dans un rapport proportionel parfait. En voici un
exemple.

Je suppose qu'on a marqué un million quarante huit mille cinq-cents et septante six coups
(1,048,576), cela formeroit un taille seize mille
trois-cents et quatrevingt quatre fois (16,384) plus
longue que celle X. Y. Elle auroit environ sept
mille et quatre cents pieds d'Angleterre de longueur.

Dans cette longue taille de 1,048,576 coups,
il devroit se trouver 524,288 chances, depuis la
simple intermittente jusqu'à la série de 20 ou 21
coups consécutifs, soit de coups gagnans ou de perdans. Dans ce grand nombre de chances il devroit
se trouver 262,144 *intermittentes*, c'est à dire coup
seul; 131,072 coups de *deux*, on appelle ainsi deux
coups consécutifs soit en gain soit en perte. 63,536

coups de *trois*. 32,768 coups de *quatre*. 16,384 coups de *cinq*. 8,192 coups de *six*, toujours consécutifs. 4,096 coups de *sept*. 2,048 coups de *huit*. 1,024 coups de *neuf*. 512 coups de *dix*. 256 coups de *onze*. 128 coups de *douze*. 64 coups de *treize* consécutifs. 32 de *quatorze*. 16 de *quinze*. 8 de *seize*. 4 de *dix-sept*. 2 de *dix-huit*, un de *dix-neuf*; et un de *vingt*, ou 21.

Pour exposer cela plus clairement nous donnons ici à côté le *tableau des chances* produites par 1,048,576 coups (soit de 30 et 40; de Roulette; soit de grand et petit côtés au Biribi: soit enfin de cartes au Pharaon.) Voyez le tableau A. dans l'Atlas.

Nous ferons remarquer ici que pour marquer 1,048,576 coups du *30 et 40* il faudroit se procurer environ 42,000 tailles de ce jeu.

Qu'il faudroit 262,144 tailles de *Pharaon* pour la même opération: mais ces 262,144 tailles de Pharaon produiroient treize grandes tailles de 1,048,576 cartes chaque dont la première seroit pour les *As* venus en gain et en perte; la seconde pour les 2; la onzième pour les *valets*; etc. Sur le tableau ci-joint on voit à la première colonne le nombre des chances, dont la valeur ou nature est marquée sur la colonne du milieu: la troisième colonne marque les coups qui ont formé les chances. Ainsi on voit que les seize coups de quinze ont été formés par 240 coups ou par 240 cartes du Pharaon de même point, tels que 240 *As* ou 240 *deux*.

Si dans les chances produites par ces 1,048,576 coups (ou cartes d'*As*, ou de 2, etc.), il se trouvoit de grandes différences dans les rapports proportionels, si, par exemple, il y avoit environ 300,000 intermittentes, ou si au lieu de 66,536 séries de 4 et au dessus il s'en trouvoit beaucoup moins ou beaucoup plus, ce seroit *une* preuve que le jeu seroit *vicié:* il faudroit s'en assurer par d'autres preuves. Il faudroit d'abord couper la longue taille de 1,048,576 coups en deux et voir si la disproportion existe à-peu-près également

dans l'une et l'autre partie: puis couper encore celles-
ci en deux; puis encore chacune de ces quatre parties
en deux de manière que la grande taille se trouve
coupée en huit parties; si les mêmes disproportions
se montroient encore dans chacune de ces huit parties,
il faudroit les diviser et subdiviser encore pour voir si
les mêmes disproportions continuent à se montrer
dans toutes les parties, soit également ou à peu-près.
Mais il faudroit avoir autant d'échelles de proportion de
chances, que l'on feroit de coupure. Nous donnons ici à
côté*) un Tableau de *Divisions et subdivisions d'une
taille de* 1,048,576 *coups*. On voit par les chiffres de la
quatrième et dernière colonne quel devroit être le coup
le plus haut de chaque partie coupée puis recoupée.
On voit par la première colonne que la grande taille
de 1,048,576 coups étant coupée ou divisée en huit
parties, chacune de ces parties contiendroit 2,048 fois
64 coups ou 2,048 tailles comme celle X. Y. et que le
plus haut coup de chacune de ces huit parties devroit
être de 17 coups consécutifs. C'est d'après la connoissance de la force du plus haut coup que l'on formeroit
l'échelle des chances inférieures. On en voit quatre exemples au bas du tableau. Le quatrième fait
voir que si la grande taille de 1,048,576 coups étoit
divisée en 4,016 parties, chacune de ces parties devroit
avoir un coup de *huit* au moins, un coup de *sept*, 2
coups de *six*, 4 coups de *cinq*, 8 coups de *quatre*
(conséquemment 16 séries; 16 coups de *trois*, 32 coups
de *deux* et 64 intermittentes et que ces 128 chances
seroient produites par 255 ou 256 coups.

Il est une autre manière de connoître la perfection ou l'imperfection d'un Jeu de Hasard quelconque: nous allons en donner un exemple tiré du Jeu
de *Pharaon:*

Dans un jeu de cartes, avec lequel on fait une
taille de *Pharaon*, il y a quatre *As*, quatre *deux*,
quatre *Rois* etc. L'*As* tiré quatre fois dans une taille peut présenter *seize* chances différentes: on les voit

---

ici représentées de W en W sur la troisième Planche
qu'il faut ici tourner de côté. Les cartes perdantes
sont marquées par un trait noir à gauche et les cartes
gagnantes sont marquées par un trait rouge à droite.
On voit, au No. 1. que le premier *As*, tiré par le
banquier ou tailleur, a perdu, le second a gagné, le
troisième a perdu, et le quatrième a gagné.

Ces quatres cartes (ou coups) étant arrivées alternativement en perte puis en gain, forment quatre intermittentes. On peut appeller céla un coup de quatre
intermittentes ou même une série d'intermittentes. Le
No. 2. présente la même chance en séns inverse. Les
Nos. 3 et 4 présentent chacun d'abord deux intermittentes puis un coup de *deux*. Le No. 13 présente
l'*As* perdant trois fois; formant un coup de *trois* sui-
vi d'une intermittente. On voit au No. 15. l'*As* perdant quatre fois de suite; puis au No. 16, l'*As* gagnant quatre fois de suite: ces deux chances égales
mais inverses s'appellent coup de *quatre ou série*.

Quatre cartes de même point, ou quatre coups d'un
jeu quelconque ne peuvent se présenter que sous ces
seize manières, et lorsqu'un jeu est parfait chacune de
ces seize manières se reproduit aussi souvent que chacune des quinze autres: cela s'entend à la longue. Ainsi en seize cents tailles de Pharaon chacune de ces seize chances devroit se montrer cent fois pour chaque
espéce de cartes, c'est-à-dire treize cents fois pour
toutes les cartes.

Ces seize chances de W. à W. présentent un accord parfait. On peut éprouver sur toutes ces seize
chances toutes les manières possibles de jouer, soit en
marche quelconque, soit en martingalant contre la perdante ou sur la gagnante, soit contre ou pour l'intermittente, soit en paroli; enfin qu'on joue la perdante
ou la gagnante ou qu'on joue sur l'une et l'autre aucune manière de jouer ne pourra faire perdre ni gagner.

Ces seize chances de W à W. sont chacune de
quatre coups, marqués en quatre lignes d'allignement.
Sur celle 1 et 1 sont marqués les premiers *As* tirés
par le banquier ou tailleur. Sur la ligne 2 à 2 sont

marqués les seconds *As* tirés : et ainsi des troisièmes *As* du 3 à 3 et des quatrièmes *As* de 4 à 4. On voit qu'à chaque ligne il y a autant de cartes ou coups gagnants que perdants ; autant de parolis réussis que manqués.

On voit de Q à Q que deux coups de suite peuvent arriver de quatre manières différentes.

On voit de R en R que trois coups de suite peuvent arriver de huit manières différentes et que la même perfection s'y trouve comme de W en W.

On voit sous les huit chances qui sont de R à R, leurs décompositions. On voit en S. les deux premiers coups seulement marqués. En T. les premiers et les troisièmes : et en U les deuxièmes et troisièmes.

L'égalité et la perfection se trouve dans chacune de ces trois divisions S. T. U.

Il y a donc 4 manières dont deux coups de suite peuvent se produire. Trois coups de suite peuvent se produire de huit manières différentes. Quatre coups de suite peuvent se présenter de seize manières différentes. Cinq coups de suite, de trente deux manières. Six coups de suite, de soixante quatre manières ; et ainsi de toutes les autres toujours en doublant.

De sorte qu'à un jeu parfait les personnes qui jouent *à tous coups* pour trouver des séries, dépensent autant d'argent que les séries leur en rapportent ; et que celles qui martingalent finissent par perdre en gros ce qu'elles ont gagné en détail.

Mais il en seroit différemment si le jeu étoit *vicié* et qu'on put y jouer *pour* et *contre* tel qu'au *Trente et Quarante :* si des seize chances de W. à W. celles 1. 2. 3 et 4 se produisoient, plus souvent qu'aucune des douze autres, il y auroit de l'avantage à jouer contre la gagnante et un désavantage à jouer contre la perdante.

En voici l'exemple. Au No. 1. la *noire gagne ;* je mets pour le coup suivant à la *rouge,* je gagne : je mets alors à la *noire* pour le coup suivant je gagne ; puis je mets à la *rouge,* je gagne encore pour la troisième fois, sans avoir perdu. Pour jouer en paroli

contre la gagnante j'aurois mis d'abord (supposons)
un écu à la *rouge*; ayant gagné j'aurois passé les deux
écus à la *noire*; ayant encore gagné j'aurois passé les
quatre écus à la *rouge* et gagnant encore je leverois huit
écus pour un que j'aurois mis et j'en aurois conséquemment gagné sept. Cela s'appelle gagner un *sept
le-va*. En jouant à la perdante sur les No. 3 et 4,
à chaque No. on gagneroit deux fois et on perdroit
une fois, il resteroit donc un écu de gain.

Voici comme on joue à la gagnante: au No. 8. la
rouge ayant gagné je mets un écu à la rouge, je perds;
je mets alors un écu à la *noire*, je gagne: je retire l'écu
que j'ai gagné et laisse un écu sur la noire pour le
coup suivant, je le perds et me trouve en perte d'un
écu, n'en ayant gagné qu'un et perdu deux. Cette
manière de jouer en n'exposant jamais que la même
somme, s'appelle *jouer à mâsses égales*. Lors qu'on
laisse au jeu l'argent qu'on y a mis et celui qu'on a
gagné jusqu'à ce que l'on ait gagné plusieurs fois de
suite et vu doubler son argent à chaque coup, cela
s'appelle *jouer en paroli*.

Il y a des personnes qui mettent mâsse en avant à
chaque coup qu'ils gagnent outre la somme doublée,
quadruplée, etc. En voici un exemple, au No 16.
La *rouge* gagne; je mets un écu à la *rouge*, je gagne
et j'ajoute un écu aux deux que j'ai au jeu à la *rouge*:
je gagne encore et j'ai alors à la rouge six écus, j'y
ajoute encore un écu; je gagne une troisième fois et
je lève alors quatorze écus, et je me trouve en gain de
onze écus,

Cette manière de jouer en mettant *mâsse en avant*
est peu usitée. Voici la manière la plus généralement
suivie de jouer en *paroli*, et qui est la manière favo-
rité de beaucoup de joueurs, c'est de mettre à la couleur qui vient de gagner, ou sur la carte que le banquier ou le tailleur vient d'emmener en gain. Exemple
sur le No. 16. La *rouge* (ou l'As) ayant gagné je
mets un écu sur la *rouge* (ou sur l'As); il gagne au
deuxième coup (ou à la deuxième carte); je laisse les
deux écus, je gagne et laisse les quatre écus; je gagne

pour la troisième fois et je lève huit écus pour un écu que j'avois mis, cela s'appelle gagner un *sept-le-va*. Si j'avois gagné quatre fois de suite j'aurois levé seize écus, donc j'en aurois gagné quinze, cela s'appelle gagner un *quinze-le-va*.

Lors qu'un écu, ou un louis, qu'on a mis et laissé avec le gain ou plutôt les gains continuels jusqu'à ce qu'on ait gagné douze fois de suite, pour un écu, ou un louis, qu'on a mis, on en lève quatre mille et nonante six (4096). Cela se voit quelquefois, et beaucoup de joueurs cherchent ces *grands coups* ou *grandes séries* qui sont aux jeux de *Trente et Quarante*, au *Pharaon* etc., ce que les gros lots sont aux *Lotteries*. Lors qu'on cherche, à *tout-coup* ces grandes séries à un jeu *vicié* où les séries sont plus rares qu'elles ne devroient l'être, les personnes qui les recherchent finissent par perdre considérablement.

Mais si au contraire le *vice* du jeu fut tel que les parolis et les séries seroient plus fréquents qu'ils ne doivent l'être dans un jeu parfait, les personnes qui y joueroient à la gagnante finiroient par y gagner beaucoup; et quelque riche que fut un banquier qui tiendroit un tel jeu, eut-il plusieurs centaines de millions, pourroit être ruiné en peu de tems.

Or, ce sont les *vices* des jeux qu'il faut bien connoître avant d'y jouer, soit comme *banquier*, soit comme *ponte*; et malheureusement ces *vices* sont très-difficiles à connoître et l'on en peut juger par l'immensité du travail qu'il faut faire pour cela: nous en avons donné un court aperçu. Nous ferons, ici après, connoître les *vices* que nous avons découverts dans divers jeux et quelles en sont les causes physiques.

Nous ferons voir ce que chaque manière de jouer a de bon ou de mauvais; quelles sont les manières les plus avantageuses de jouer et même de jouer avec assurance d'y gagner définitivement: car nous le répétons il ne peut y avoir de manière sûre de gagner *sonica* ni même dans une taille ou séance.

Ce n'est qu'à la longue qu'un bon joueur peut être sûr de se voir en gain: et ce gain doit se trouver plus ou moins considérable selon la connoissance qu'il a du jeu et de la sagesse avec laquelle il s'y conduit. Il en est des bons joueurs comme des banquiers.

Tous les banquiers qui tiennent des Jeux de Hasard ont, dans chaque jeu, un avantage qui à la longue leur procure de grands bénéfices, *quelque modique que soit leur avantage*, ne fusse que d'un pour cent de l'argent qui passe sur leur table de jeu.

Et quelque exorbitant que soit leur avantage sur certain jeu on voit quelquefois des séances où ces banquiers, malgré leur énorme avantage, perdent beaucoup et même tout ce qu'ils ont sur la table; c'est ce que l'on a vu plusieurs fois à *Spa*, à *Aix* et à *Pyrmont*, etc.; cependant les propriétaires de ces banques y ont presque tous fait de grandes fortunes. Une personne qui connoît parfaitement les Jeux de Hasard et sait s'y conduire avec sagesse a, en cela seul, un avantage plus considérable que celui du banquier au *Trente et Quarante*, à la *Roulette* et au *Biribi*, car un ponte est maître de son jeu et de son argent; il ne joue que quand il veut, comme il veut et autant ou si peu qu'il veut: il est maître de son argent, il n'en perd, et même n'en risque qu'autant qu'il lui plait. Un joueur sage ne porte jamais que peu d'argent au jeu, tous les plus grands malheurs possibles ne peuvent que lui faire perdre ce peu d'argent, et ces malheurs répétés plusieurs jours de suite ne le terrassent point, parce qu'il risque toujours peu; qu'il ne risque jamais beaucoup pour gagner peu, mais qu'il sait, avec art, risquer peu (avec grande probabilité de succès) pour gagner beaucoup: et c'est en cela que consiste l'art d'un bon joueur et d'un bon général, et l'un et l'autre sont presque sûr d'être définitivement victorieux; lors qu'outre leurs talens et leur sagesse ils ont l'avantage inappréciable de pouvoir attaquer quand ils veulent et comme ils le veulent; et de pouvoir se retirer quand il leur plait sans pouvoir être poursuivis.

Le sort du banquier est bien différent, il est semblable à celui d'un général forcé à rester sur une défensive absolue et continuelle, ne pouvant jamais faire un pas en avant, n'ayant que le pouvoir de repousser les attaques de ses ennemis: un tel général aimeroit mieux être attaqué une ou deux fois par un corps d'armée que d'être sans cesse arcélé par de petites troupes toujours conduites avec art, sagesse et valeureusement: on sait qu'il ne faut qu'un *casse-cou*, ou un fou déterminé à périr, pour opérer la destruction d'une forteresse ou d'une armée. De même aux Jeux de Hasard un banquier qui met mille ou deux mille louis sur table peut voir, en une demie-heure de tems la totalité de cette somme enlevée par un ponte qui n'a que quelques écus dans sa poche: c'est ce que l'on a vu plusieurs fois à *Spa*, à *Aix*, à *Pyrmont*, à *Paris*, etc. Aussi les banquiers de Jeux de Hasard n'aiment pas les personnes qui jouent petit-jéu, rarement mais sagement, parce qu'avec de tels joueurs ils risquent de perdre beaucoup et ne peuvent que gagner peu. Au contraire, les banquiers aiment de voir leurs tables de jeux entourées de personnes chargées d'or, jouant *à tout coup* ou très souvent, et jouant de grosses sommes; les *Martingaleurs*, sur tout, sont considérés par les banquiers comme d'excellentes vaches-à lait.

L'expérience, dans tous les tems et à toutes les banques a prouvé que les Jeux de Hasard sont extrêmement dangereux pour les personnes riches et le sont fort peu pour les autres.

TRENTE-ET-QUARANTE.

PLANCHE No. 4.

CE JEU peut être nommé le roi des Jeux de Hasard, c'est celui qui est le plus fraieux pour le banquier qui le tient et cependant celui où son avantage est le plus modique. C'est le plus *estimable* de tous les jeux par la loyauté avec laquelle il se joue de part et d'autre, n'étant susceptible d'aucune fraude. C'est un jeu *parfait*, n'ayant aucun *vice:* le hasard ne fait que varier la production de ses chances, les élever et les abaisser plus ou moins : mais de tems en tems, elles s'égalissent et se présentent dans un rapport parfait. C'est le plus *magnifique* des jeux par la grandeur de son appareil, la quantité d'or qu'il étale et la beauté des salons où il est établi.

C'est le plus *noble* de tous les jeux, par la qualité des personnes qu'on y voit réunies. C'est à ce jeu, et à ce seul Jeu de Hasard, qu'on voit paroître les personnes du plus haut rang. Là le Monarque, le Prince souverain, le Ministre d'état, le Général, les plus grands seigneurs viennent, pour ainsi dire, se confondre, se mettre de niveau avec le simple gentil-homme, le magistrat, l'officier subalterne, le négociant et l'artiste.

Il ne faut cependant pas être riche pour jouer à ce jeu, puisqu'aux Eaux-Minérales les plus célèbres, telles que Spa, Aix, Pyrmont etc., on peut y ponter un écu.

D

Ou voit à la Planche 4. la forme d'une table de jeu de *Trente-et-Quarante:* elle est ordinairement assez grande pour que vingt deux personnes assises puissent l'entourer.   Dès ces 22 personnes assises sont quatre banquiers ou croupiers: celui qui est placé en A taille et jete les cartes, qu'il abat de la première extraction, de E. en F. et celles de la seconde extraction de G. en H.   Cette opération s'appelle *tailler* et le banquier qui la fait s'appelle *le Tailleur.*

Les trois autres banquiers, qu'on nomme *croupiers,* sont placés en B. C. et D. leur fonction est de lever l'argent de la couleur qui a perdu et de payer à la couleur qui a gagné.   C'est ce que le *tailleur* fait aussi conjointement avec eux; en se servant pour lever l'argent de la couleur perdante d'une espèce de *râteau* ou *racloire* fait comme la figure I.

L'or ou l'argent qui constitue la *banque* est placé au milieu de la table, partie en rouleaux et partie en tas.   Il y a ordinairement *mille louis* sur la table où la plus basse mise est d'un écu, et deux mille louis en or sur la table où la plus basse mise est d'un louis; mais le banquier, ou les banquiers propriétaires (et ordinairement privilégiés) de la *banque* ont ordinairement en caisse dix fois plus d'argent de reserve qu'il n'y en a sur la table.   C'est ainsi qu'à *Spa* où il y avoit toujours trois mille louis sur les deux tables de jeu de *Trente-et-Quarante,* les banquiers avoient environ *trente mille louis* en caisse de reserve pour pouvoir soutenir une dixaine de *sauts,* ou les grandes vicissitudes du jeu.   Car on a vu des fortes banques *sauter* plusieurs fois en peu de jours [18]).   Les banquiers ont aussi des *veines de malheur* aussi bien que les pontes qui se livrent aux effets du hasard. Ces *veines de malheurs* ne sont jamais éprouvées par

---

18) On dit qu'une *banque* est *sautée* lors que tout l'argent mis sur la table par les banquiers est entièrement perdu pour eux, et a été gagué en une seule *séance* par un ou par plusieurs pontes.

les pontes [19]) instruits, expérimentés et sages. C'est là *un des avantages* qu'ils ont sur les banquiers.

En P. P. sont les deux chandeliers. En Q. est la caisse ou forme où le tailleur place le talon du jeu. En R. il place en tas les cartes des extractions après les avoir relevées. En S. sont six jeux de cartes pour la taille suivante, car le tailleur prend six nouveaux jeux à chaque taille.

Les personnes qui veulent jouer à ce jeu se placent autour de cette table, les unes assises les autres debout. Celles qui sont assises ont devant elles un petit panier L. pour y placer leur or ou leur argent. Celles qui sont debout ont une cuillière à longue manche, comme on le voit en K., avec laquelle elles placent leur argent sur la couleur qu'elles choisissent, et lèvent l'argent qu'elles ont gagné.

Les sièges sont aux premiers occupants comme les îles qu'on découvre; les premiers venus, se placent où ils veulent, on ne fait pas ici de distinction de rang, de qualité ni de fortune: une table de Jeux de Hasard est vraiment un *Autel de l'égalité.* Là, l'artiste qui ne joue qu'un écu, peut, sans indécence. avoir une conténance aussi libre aussi assûrée que le Prince ou le Lord anglois qui joue plusieurs centaines de louis.

La place la plus recherchée des pontes est celle No. 1. parce qu'étant près du banquier qui taille, on a une grande facilité de compter les points des cartes qu'il abat.

Pour donner une idée du mélange des personnages qu'on voit réunies autour de cet autel de Plutus: je vais nommer les qualités des personnes que j'y ai un jour remarquées.

Au No. 1. étoit un commaudeur de Malte. Au No. 2. un négociant génois qui jouoit cent louis à la fois.

---

19) On nomme *ponte* celui qui joue aux jeux de hasard. Le mot de *joueurs* se prend toujou s en mauvaise part, et signifie ordinairement un joueur de profession.

D 2

No. 3. Un jeune officier; No. 4 une grosse baronne,
Au No. 5. un peintre, No. 6. un général.

Au No. 7. étoit un apoticaire, 8 une vielle duchesse, 9 un lord anglois.

Au No. 10. étoit un capitaine d'artillerie, profond mathématicien, qui, après six mois de calcul, avoit trouvé *une martingale insautable* qui le ruina complètement, lui et ses associés en une seule séance. Au No. 11. un avocat. No. 12. une Princesse. 13. un marchand épicier. 14. le baron ..... bourgmestre de la ville impériale de ....:... Au No. 15. un petit officier gascon, qui ayant mis à la rouge le seul écu qu'il avoit, et gagué onze fois de suite avoit devant lui cinq cens et douze louis, ne voulut pas les retirer, prétendit faire sauter la banque, perdit le douzième coup, et fut se coucher sans souper; c'est une excellente conduite pour n'avoir pas d'indigestion. 16. une jenne comtesse, assez sage pour jouer peu et assez indiscrète pour parler beaucoup, c'est ce qui ne favorisoit pas les profondes spéculations de ses voisins. No. 17. un arracheur de dents. Au No. 18. un Domherr de la Métropole électorale de ....

Derrière ce rang de personnes assises, en étoient, debout, plusieurs autres de divers rangs, états et fortunes.

Il est rare que les personnes du plus haut rang s'asseyent; on a vu des Monarques se tenir modestement debout derrière la chaise du marchand ou de l'artiste.

Ce qu'il y a de plus remarquable dans une réunion d'êtres aussi différents est le grand ordre qui y règne et l'honnêteté dont les plus hauts personnages donnent l'exemple: il est même d'usage que Son Altesse Royale, ou Sa Majesté, dise *excusez*, si sa cuillière a effleuré l'oreille du peintre ou la perruque du trésorier d'Esculape. Voyez Planche 4, No. 7.

Le *Trente-et-Quarante* se joue avec six jeux de cartes complets mêlés ensemble. *L'As* compte pour un point: le *deux* pour deux points; le *dix* pour dix:

et chaque figure compte aussi pour dix points. Ainsi la réunion des trois cents et douze cartes donne un total de *deux mille et quarante points.*

Le banquier *tailleur* après avoir bien mêlé les six jeux de cartes les uns après les autres, les mêle tous les six ensemble, puis fait passer ce paquet de six jeux autour de la table, pour que les dixhuit pontes assis mêlent encore ce paquet les uns après les autres, s'ils le veulent: après quoi le *tailleur* les rémêle encore, puis présente à couper à celui des dixhuit pontes qui le veut. Ensuite le *tailleur* [20] invite la *Gallerie* à placer ses mises, en disant: Messieurs faites votre jeu.

Les personnes qui veulent jouer placent leurs mises à la couleur qui leur plait, soit à la Noire ou à la Rouge ayant attention de la placer dans le premier compartiment M. et de manière à ce qu'elle ne touche pas celle des autres. À une banque où la plus basse mise est d'un écu on peut y placer jusqu'à vingt-cinq louis tout d'un coup: et à celle où la plus basse mise est d'un louis on peut en mettre cent du premier coup, puis en mettre deux cens si on a perdu les cens premiers; et ainsi de suite toujours en doublant ou triplant tant qu'on ait régagné ses pertes, mais cela seulement tant que la séance dure. On peut *ponter* [21] de la sorte jusqu'à des millions et des milliards [22] sans que les banquiers puissent le réfuser. Sur quoi nous ferons remarquer que le Banquier ne peut enlever ni faire soustraire aucune partie de l'argent qu'il

---

20) Les dénominations de *Tailleur*, de *Croupier* et de *Joueur* ne sont d'usage qu'en littérature pour la clarté des explications. Au jeu, le *Tailleur* et les *Croupiers* sont nommés *Banquiers* et le sont souvent en effet, étant propriétaires des fonds de la banque. La bonne société se distingue toujours par l'honnêteté des expressions et des procédés.

21) *Ponter* signifie jouer, et les personnes qui jouent contre la banque, c'est-à-dire contre les banquiers, sont distinguées par la dénomination de *Pontes*. Les mots de *jouer* et de *joueurs* sont impolis et même outrageants.

22) Voyez ici après les Tables de Martingales.

a mis sur la table ni de celui qu'il gagne jusqu'à ce que la séance soit terminée[23]). Lorsque le Tailleur voit que les mises sont placées, il demande, *le jeu est-il fait?* Puis dit, *le jeu est fait. Tout-va.* Le Tailleur tire les cartes pour la première extraction et les jete à découvert les unes près des autres, de E. en F. puis il jete celles de la seconde extraction de G. en H. chaque extraction doit être au moins de trente-un point et ne peut en contenir plus que quarante. La première extraction est toujours pour la *Noire* et la seconde pour la *Rouge.* Celle des deux extractions qui approche le plus du point de *trente* fait gagner la couleur pour laquelle elle a été tirée. En voici quelques exemples.

Première Extraction. 7, 4, 10, Roi. (fait 31)

le *Tailleur* dit: *un.*

Seconde Extraction. As, 8, 6, 6, 9, 8. (fait 38).

le *Tailleur* dit: *huit; Rouge perd.*

Alors les croupiers enlèvent tout ce qui est sur la couleur *rouge* et en suite payent à la Noire autant qu'on y a mis Chaque ponte peut retirer en tout ou en partie l'argent qu'il a au jeu ou l'y laisser pour le *coup* suivant.

Le Tailleur répète: *Messieurs faites votre jeu. Le jeu est-il fait? Il est fait. Tout-va,* et ainsi de même à chaque fois.

Troisième Extraction. Valet, Roi, 10, 4.

le *Tailleur* dit: *quatre.*

Quatrième Extraction. As, 7, 2, 8, 9, 7.

le *Tailleur* dit: *quatre; Après.*

Ici les deux extractions étant égales, en nombre de points, elles ne décident rien, personne n'a gagné ni perdu, le *coup* étant *nul.* C'est pourquoi le *Tailleur* dit, *Après.* C'est-à-dire que les deux extractions suivantes dé-

---

23) Voilà l'avantage des banques de jeu autorisées et privilégiées par les gouvernemens. Les nombres des séances et des tailles y sont fixés. Nous en parlerons dans la suite.

cideront quelle couleur gagnera. Entre-tems les pontes peuvent rétirer leur argent ou en placer d'autres.

Cinquième Extraction. Valet, 7, Dame, 10.
le *Tailleur* dit : *sept.*

Sixième Extraction. 9, 4, Roi, 8.
le *Tailleur* dit : *un; Rouge gagne.*

Septième Extraction. As, 4, 9, 2, 10, As, 4.
le *Tailleur* dit : *un.*

Huitième Extraction. 10, Roi, 2, 9.
le *Tailleur* dit : *un; Après.*

Ici les deux extractions étant de point semblable, le *coup* ne décide rien pour la *Noire*, ni pour la *Rouge.* Mais cette égalité de points d'extractions étant du point *Trente-un* la moitié de tout l'or et de tout l'argent qui se trouve sur les deux couleurs appartient au banquier: il ne le prend pas, mais il place ce tout cet or et cet argent, sur les compartimens N. ayant soin de placer aux compartimens *Noir* ce qui étoit à la *Noire* et aux compartimens *Rouges* ce qui étoit à la *Rouge:* et de manière à ce que les mises des divers pontes ne se touchent pas. Après quoi le Tailleur tire deux autres extractions pour décider quelle couleur perdra. Exemple :

Neuvième Extraction. Valet, 7, 10, 8. — dit : *cinq.*
Dixième Extraction. 10, Dame, 10, Valet. — dit : *quarante; Rouge perd.*

Alors le banquier lève toutes les mises qui sont à la *Rouge,* tant au premier compartiment qu'au second, mais ne paye à la *Noire* que ce qui a été mis au premier compartiment M.

Quand aux mises à la *Noire* qui avoient été emprisonnées aux compartimens Noirs N. les Pontes, à qui elles appartenoient à demi, peuvent les rétirer entièrement: la moitié de ces mises qui appartenoit de droit au banquier, sert de payement aux autres moitiés qui viennent de gagner.

Lorsqu'il arrive un *refait* de 31, les pontes peuvent donner la moitié de leurs mises et laisser l'autre moitié sur le compartiment N. Ils peuvent aussi rétirer cette moitié, ou y ajouter.

Si après un *refait* de 31, les deux extractions suivantes en produisoient encore *un*; toutes les mises qui se trouveroient sur les compartimens N. seroient placées dans les petits compartimens O. et les mises qui se trouveroient sur les premiers compartimens M. seroient placés sur ceux N. de sorte que les gagnante au coup suivant pourroient rétirer les mises des compartimens N. qui seroient devenues libres; mais les mises placées en O. seroient rémises en N. parce qu'ayant essuyées deux refaits de 31, elles doivent gagner deux fois de suite pour être libres.

On voit qu'à ce jeu il est presque impossible aux pontes de commettre la moindre fraude [24]), et que cela n'est pas plus possible aux banquiers, vû le grand mélange réitéré des cartes, en trop grand nombre pour pouvoir être arrangées d'une manière nuisible pour les pontes: puisque le dérangement d'une seule carte influeroit sur les effets de toutes les extractions projetées. D'ailleurs, que peut faire le banquier? Fera-t-il en sorte que les séries soient abondantes? les joueurs à la gagnante et ceux en grands parolis feront sauter sa banque. Amenera-t-il une surabondance d'intermittentes, de petits coups de *deux*, de *trois*? dans ce cas les plus petites martingales, celles de trois coups, auront bientôt épuisé sa banque.

Il n'y a qu'un cas de fraude ou d'erreur possible au banquier, ce seroit d'énoncer un point faux. Par exemple à la quatrième extraction (ci-dessus) voyant la *Rouge* fort chargée et presque rien à la *Noire* au lieu de dire: *Quatre*; *Après*: il avoit dit *cinq* pour faire perdre la *Rouge*, ou si pour cet effet il avoit tiré une carte de plus conséquemment de trop; le banquier auroit *fait fausse taille*, c'est le terme. Soit qu'il l'ait fait

---

24) Nous parlerons ici après des monnoies altérées ou fausses que l'on joue aux tripots de jeux.

malicieusement ou par erreur involontaire, il devroit payer les deux couleurs; c'est la règle de ce jeu, et j'ai vu plusieurs fois ce cas: lorsque de nombreuses séances prolongées trop avant dans la nuit appesantissent la tête du Tailleur, affoiblissent ou troublent sa vue, lui font commettre des erreurs à son propre préjudice. Lorsque ce cas arrive, les pontes de mauvaise foi ont beau jeu, les uns reçoivent un payement qui ne leur est pas dû; les autres après avoir laissé enlever leur argent, le réclament avec payement d'autant: il en est qui n'avoit mis que trois ou quatre écus ou louis et en réclament neuf ou dix et autant de payement.

Ces vilenies n'ont lieu que dans les tripots ou banques d'auberges. Aux banques privilégiées et surveillées par la police, les erreurs du tailleur ne tirent point à conséquence, parce que les deux extractions restantes à découvertes, tous les pontes peuvent compter les points, et s'il négligoient tous de le faire, ou de faire remarquer l'erreur au *Tailleur* avant que leur argent ne soit enlevé par les croupiers, ils auroient mauvaise grace de s'en plaindre et n'agiroient pas honnêtement, d'exiger le redressement d'une erreur commune. La règle existe et doit être maintenue pour la loyauté et l'honnêteté du jeu: mais tout homme honnête se gardera bien d'en vouloir profiter.

Les dix extractions que nous avons rapportées ci-dessus, ont produit trois *coups* effectifs et deux coups de *refaits* dont un de 31.

Il y a dix sortes de *refaits*. Ceux de 31 sont les plus fréquens et les seuls à l'avantage du banquier: les neuf autres de 2, 3, 4, 5, 6, 7, 8, 9 et de 40, sont absolument nuls. Les refaits de 40 sont les plus rares.

La règle du jeu oblige le banquier *de tailler à fond*, c'est-à-dire de tirer toutes les trois cens et douze cartes, par extractions de 31 à 40 points: si à la fin il ne restoit que sept cartes ils les jeteroit à découvert pour les mettre en évidence. Mais s'il en restoit huit ou plus; il devroit les tirer en extractions, car huit cartes peuvent amener un coup décisif.

Les trois cens douze cartes ne peuvent produire moins de dix-huit extractions, ni plus de trente-deux. Dans le premier cas il y auroit beaucoup de refait dans la taille de dix-huit coups, et au contraire il en auroit peu dans le second cas où la taille seroit de trente-deux coups.

Ce jeu de *Trente-et-Quarante* étant, sous tous les rapports, le premier, le plus noble, le plus avantageux de tous les Jeux de Hasard; et le seul auquel les honnêtes gens devroient jouer, nous avons dû nous étendre un peu dans l'explication de la manière dont il se joue, et d'autant plus qu'il est peu connu en Russie, en Pologne, en Hongrie et en Allemagne.

La Planche 5. fait voir huit tailles de *Trente-et-Quarante*. À la première on voit que d'abord la *Rouge* a gagné une fois, puis la *Noire* une fois, puis la *Rouge* encore une fois: qu'en suite la *Noire* a gagné quatre fois de suite, etc. On voit que cette taille a eu vingt-neuf coups décisifs, sans les refaits qui ne se marquent pas; excepté ceux de *trente-un* qui se marquent par un trait transversal: ainsi qu'on en voit un à cette première taille entre le vingt-sixième et le vingt-septième coup.

La seconde taille n'a eu que vingt-quatre coups, et deux refaits de *trente-un*.

Un grand nombre de personnes, de celles qui jouent au *Trente-et-Quarante*, marquent les tailles sur une carte en la piquant avec une épingle; piquant les coups *noirs* à ganche d'une ligne verticale; et piquant les *rouges* à droite: les refaits de *trente-un* se marquent par un point piqué sur la ligne ou par un trait transversal. On en voit ici un exemple au bas de la cinquième Planche, sur un fragment de carte où sont marquées les deux premières tailles et la moitié de la troisième, de celles qui sont au dessus en noir et rouge.

Au jeu une taille exige environ une demi-heure de tems, et même plus lors que le nombre de pontes est fort nombreux.

Les séances réglées sont ordinairement de deux, ou de trois, ou de quatre tailles; et il y a deux ou trois séances chaque jour aux eaux minérales: cela est fixé par le réglement que le gouvernement donne aux banquiers privilégiés.

On voit que dans les huit tailles de la Planche 5 il y a eu 215 coups dont 103 noirs et 112 rouges de sorte qu'ils se trouvent 9 rouges plus que de noirs. Pour bien spéculer ce jeu il faut encore marquer les tailles d'une autre manière, car c'est par les diverses manières de bien marquer les tailles *exactement*, *distinctement* et *méthodiquement* qu'on peut bien spéculer les jeux, parvenir promtement à les connoître, et à y jouer avantageusement. On voit à la Planche 6. ces huit tailles de *Trente-et-Quarante* marquées différemment.

On prend un papier sur lequel sont tracées des lignes horizontales au crayon ou légèrement ponctuées, et tirées à égales distances; on tire une ligne plus forte O. C'est la ligne du point d'égalité. Voici comme on marque les tailles. *Première* ou No. 1. La rouge gagne, on marque un petit trait rouge au dessus de la ligne d'égalité, jusqu'à la première ligne ponctuée. La noire gagne, on marque un petit trait noir à peu de distance du premier en le descendant de la première ligne ponctuée jusqu'à la ligne d'égalité; on voit qu'alors les deux couleurs sont égales en gain et en perte. On continue de la sorte en marquant les rouges en montant et les noirs en descendant. Suivons: la rouge gagne, marquez au dessus en montant: la noire gagne, marquez en descendant. Voilà la seconde fois que les deux couleurs sont égalisées. Puis la noire gagne encore trois fois, on marque trois petits traits en noir perpendiculairement en bas, les uns sous les autres de manière à ne faire qu'un seul trait avec le premier qui est au dessus. On voit qu'alors la couleur noire est abaissée de trois degrés, puis traçant un trait rouge en montant, puis un noir en descendant, puis encore une rouge, puis une noire, ensuite trois rouges: alors les deux couleurs se trouvent égalisées pour la troisième fois, et c'est aprés le quatorzième coup de la première taille.

On continue de la sorte jusqu'à la fin de la taille, puis on continue la taille suivante qu'on ajoute à la première comme si ces deux n'en faisoient qu'une: puis on continue toujours de même pendant plusieurs milliers de tailles. Autrefois à Aix, la banque privilégiée faisoit environ trois mille et trois cens tailles chaque année, de sorte que toutes les tailles de Trente-et-Quarante d'une année marquées comme à la Planche 6. auroient formé une longueur de deux mille et septante six pieds. Or j'ai marqué de la sorte les tailles de plusieurs années qui avoient été recueillies et m'ont été procurées.

Observez ici qu'en quatre tailles et demie les deux couleurs se sont égalisées *seize fois*; que la rouge s'é-toit élévée jusqu'à *quatre* degrés de hauteur et que la noire s'est abaissée à *trois*, *sept* et *huit* degrés; qu'ensuite la rouge s'est élevée jusqu'à *quinze* degrés et qu'à la fin de la huitième taille la rouge restoit élevée de *neuf* degrés. Je dois prévenir ici que j'ai vu les couleurs s'élever et s'abaisser jusqu' au delà de cent et quarante degrés. Cela fait voir dans quel gouffre se plongeroient les personnes qui martingaleroient ou joueroient en marche quelconque sur la hausse et la baisse des couleurs. Cette manière de marquer les tailles est très-bonne pour les spéculations du jeu, ainsi que nous le ferons voir.

Il faut remarquer ici Planche 5. qu'à la première taille, la première noire a manqué son paroli mais que la deuxième l'a fait trois fois. Que les quatre premières rouges n'ont pas fait leur paroli et ont formé quatre intermittentes: que la cinquième rouge a fait deux fois son paroli, et la sixième une fois seulement, c'est ce qui a formé un coup de deux.

Toutes les tailles doivent se greffer les unes sur les autres, comme si elles ne faisoient qu'une, quoique marquées séparément comme à la Planche 5. De sorte que le dernier coup de la seconde taille n'est point une rouge intermittente mais doit être ajouté aux six premiers coups de la troisieme taille, de manière qu'au lieu d'être un coup de six elle se trouve être un coup de *sept*.

De même la dernière noire de la quatrième taille doit être jointe aux quatre premières de la cinquième taille et former un coup de *cinq*.

Remarquez qu'en ces huit tailles la *Noire* a manqué 51 fois son *paroli* et l'a réussi 15 fois. Que la *Rouge* a manqué 52 fois son *paroli* et l'a réussi 60 fois.

Dans ces huit Tailles il y a à la *Noire*:
23 *Intermittentes* et 28 chances au dessus.
14 coups de *Deux* et 14 chances au dessus.
8 coups de *Trois* et 6 chances plus hautes.
3 coups de *Quatre* et 3 chances plus Hautes.
3 coups de *Cinq*.

À la Rouge:
29 *Intermittentes* et 23 chances au dessus.
11 coups de *Deux* et 12 coups au dessus.
6 coups de *Trois* et 6 coups au dessus.
2 coups de *Cinq* et 4 coups au dessus.
2 coups de *Sept* et 2 coups au dessus.
1 coup de *Huit* et 1 coup au dessus.
1 coup de *Onze*.

Suivant la proportion de rapport entre les chances dans un jeu *parfait*, il doit y avoir égalité entre le nombre de chaque chance et celui des chances plus hautes.

Par exemple: il y a ici à la Noire 14 coups de *deux* et 14 coups au dessus: 3 coups de *Quatre* et 3 coups au dessus.

À la Rouge 6 coups de *Trois* et 6 coups au dessus. 2 coups de *Sept* et 2 coups au dessus. Il y a dans ces quatre chances 14, 3, 6, 2 égalité et rapport parfait entre leurs nombres et ceux au dessus; et c'est ce que l'on trouve en général et de tems en tems entre toutes les chances produites par le jeu de *Trente-et-Quarante*. C'est ce qui en forme un jeu *parfait*. C'est ce qui a été prouvé par les rélevés faits en divers tems et en divers lieux par un grand nombre de personnes;

sur des quantités innombrables de tailles de *Trente-et-Quarante.*

Cette *perfection* étant *assûrée,* il y a aussi un moyen *assûré de gagner* à ce jeu; et ce moyen est assez simple: ainsi que nous le démontrerons ici après.

Il ne suffit pas de remarquer les produits séparés de chaque couleur, il faut encore remarquer ses produits généraux.

En voici un exemple sur les deux couleurs des huit tailles précédentes.

103 Noires et	-	112 Rouges	-	fait 9 de diff.
103 *Parolis* manqués,	111 réussis		-	— 8 de diff.
52 *Intermittentes,* et	51 chances au dessus			— 1 de diff.
25 coups de *Deux,* et	26	-	-	— 1 de diff.
14 coups de *Trois,*	12	-	-	— 2 de diff.
3 coups de *Quatre,*	10	-	-	— 7 de diff.
5 coups de *Cinq,*	4	-	-	— 1 de diff.
2 coups de *Sept,*	2 égal	-	—	
1 coup de *Huit,*	1 égal	-	—	
1 coup de *Onze.*				

Il faut de plus remarquer et noter les chances générales, puis les chances particulières du Tableau de la hausse et de la baisse des couleurs, tracées comme à la Planche 6. Il faut marquer combien de fois les couleurs se sont élevées d'un degré puis égalisées. Combien de fois elles se sont élevées de deux degrés puis égalisées etc. En voici un exemple pris de la ligne d'Égalité O.

	Rouges		Noirs	
À un Degré	5 Rouges,	2 plus haut.	3 Noirs,	7 plus haut.
À 2 Degrés	-	- - -	4	3
À 3	-	- - -	1	2
À 4	- 1	- 1 -		
À 7	-	- -	1	1
À 8	-	- -	1	
À 15	15	- -		

On voit ici peu de différence, car il n'y a qu'un coup au dessus de Trois coups, et 3 moins qu'un degré noir.

Il faut après cela considérer ces divers degrés en partant de tous points. En voici un exemple de la même Planche 6.

D'un degré 25 *Rouges* 23 au dessus. | 22 *Noirs* 28 au dessus.

de 2 $\left\{ \begin{matrix} 7 \\ 3 \end{matrix} \right\}$ 10 $\left\{ \begin{matrix} 7 \\ 4 \end{matrix} \right\}$ 11 | $\left\{ \begin{matrix} 5 \\ 8 \end{matrix} \right\}$ 13 $\left\{ \begin{matrix} 8 \\ 4 \end{matrix} \right\}$ 12.

On voit encore ici peu de différence, dans un aussi conrt période de huit tailles: quelquefois elles sont fortes: mais toutes ces chances finissent de tems en tems par s'égaliser ou à se rapprocher presque au degré d'égalité.

Les grandes différences qui arrivent quelque fois font la ruine des personnes qui jouent en *Marche*, en *Martingale*, en *Paroli* ou autre manière régulière de jouer, tandis qu'elles font l'avantage de ceux qui connoissent bien le jeu et se donnent la peine d'observer, de marquer et de combiner.

- Il y a encore une observation essentielle à faire sur les tailles; il faut les diviser de quatre en quatre coups, soit par des lignes ponctuées telles qu'on en voit à la Planche 5, ou par des lignes tirées au crayon. Cela divisera les tailles en *pelotons* de *quatre coups*. Chacun de ces pelotons ne pourront et ne seront autres qu'un des seize qu'on voit à la Planche 3, de W. en W. Dans les huit tailles de la Planche 5, il y a 51 pelotons de quatre coups complets.

Il y en a 4 comme No. 1. de W. en W. il y en a 4 comme le No. 2. — 1 comme 3 — 1 comme 4 — 5 comme 5 — 2 comme 6 — 2 comme 7 — 5 comme 8 — 1 comme 9 — 5 comme 10 — 2 comme 11 — 3 comme 12 — 5 comme 13 — 4 comme 14 — 1 comme 15 — et 6 comme 16.

Il y a quatre pelotons non achevés des 25ème coups aux 28ème inclusivement, qui ne comptent pas.

Dans 48 pelotons il devroit y avoir 3 pelotons semblables de chaque No. c'est le nombre proportionel. Ici on en voit de trop aux Numéros 1, 2, 5, 8, 10,

13, 14, et 6 — et de trop peu aux Numéros 3, 4, 6, 7, 9, 11 et 15. Le Numéro 12 est le seul qui ait sa quantité juste. Tel est l'effet du hasard de ballotter les chances de manière à ce que les unes soient quelquefois plus rares et quelque fois plus fréquentes, mais dans un jeu parfait comme celui-ci, toutes les chances, de quelle nature qu'elles soient, et sous quel point de vue qu'on les considère, se présentent de tems en tems dans un rapport parfait.

Voici présentement les diverses manières dont la plus grande partie des personnes jouent à ce jeu.

Les unes jouent en *marches*, et chacun s'en forme une à sa volonté ou d'après les événemens qu'il a cru remarquer arriver plus fréquemment ou plus rarement, sans s'inquiéter si les chances qu'il va chercher ou qu'il va combattre sont déjà arrivées plus souvent ou plus rarement que la nature du jeu ne le comporte.

Ces personnes qui se jetent ainsi aveuglement dans la mer du hasard finissent par s'y noyer. Si elles commencent par gagner, elles finissent par perdre; les plus heureux se retrouvent au même point de fortune: mais le nombre en est fort petit. D'ailleurs une marche quelconque qui ramène *sûrement* le *ponte* au même point d'où il est parti est mauvaise, puisque les effets des refaits de 31 lui enlèvent une partie de l'argent qu'il fait passer sur la table du jeu.. Semblable à un Général qui attaque tous les jours son ennemi sans gagner ni perdre du terrain, mais perdant tous les jours des soldats, tandis que son ennemi n'en perd aucun et s'enrichit des prisonniers qu'il fait.

Plusieurs personnes jouent en Martingale, c'est-à-dire qu'ayant perdu *un* écu elles en mettent *deux* pour le coup suivant, et si elles perdent encore, elles en mettent *quatre* toujours en doublant, 8, 16, 32, 64, 128, 256 etc. de sorte qu'après avoir perdu huit coups de suite et conséquemment 255 écus et mettant encore 256 écus pour le neuvième coup, en gagnant ce dernier coup elles ne regagneroient que ses pertes des huit coups précédens et un écu en sus.

D'autres jouent la *Martingale* en augmentant leurs mises de manière à ce que chaque coup leur fasse gagner un écu, ou masse s'ils ne sautent pas.

On voit ici une table de martingale No. I. *) où les mises sont toujours doublées. On voit qu'à la huitième fois ou coup, je mettrois 128 écus ou louis, qui joints au sept mises précédentes formeroient une somme de 255 écus ou louis. On voit par la dernière colonne que si au lieu de martingaler j'aurois joué 32 écus à chaque coup je n'aurois pas déboursé plus d'argent. Qu'en mettant 2,147,483,648 écus au trente-deuxième coup, joint aux 31 précédents cela formeroit un déboursé de 4,294,967,295 écus: et si je n'avois pas le malheur de sauter j'aurois le *beau bonheur* de gagner *un écu* !!!

Voici comme on joue la martingale contre la gagnante, je suppose une martingale de quatre coups 1, 2, 4, 8.

Première taille. *Rouge* gagne; je mets un écu à la *Noire*; je gagne. Je mets un écu à la *Rouge*; je gagne. Je mets un écu à la *Noire*, je gagne. Je mets un écu à la *Rouge*, je perds: Je mets 2 écus à la *Rouge*, je perds. J'en mets 4 encore à la *Rouge*, je perds. Je mets 8 écus encore à la *Rouge*, je perds, et je *saute* ma martingale de 4 coups 1, 2, 4 et 8 écus étant épuisés, ce *saut* me fait perdre 15 écus, mais en ayant gagné trois la perte se réduit à 12 écus. Quelque fois au lieu de sauter ainsi après quelques coups, on gagne vingt ou trente écus, ou même plus; mais en deux sauts on perd plus qu'on a gagné; et il arrive qu'on saute trois ou quatre fois de suite; ainsi que cela seroit arrivé à la cinquième taille où une martingale de 4 coups auroit sauté quatre fois; et une de *dix* coups montant à 1,023 écus ou louis, auroit *sauté*.

Il n'y a point de Martingale insautable quelque haute qu'elle soit; plus hautes elles sont plus elles sont ruineuses. Cette manière de jouer a été inventée par la plus sotte avarice.

---

*) Atlas, lettre C.

E

On voit ici une autre Table de *Martingale* No. 2.*) où après avoir perdu un écu ou un louis on en met 3, puis 7, puis 15, puis 31, etc. de manière que gagnant le huitième coup, ayant exposé 502 écus on n'en auroit que 8. de bénéfice. Au trente-deuxième coup, si on le gagnoit, après avoir exposé, c'est-à-dire risqué de perdre plus que huit milliards et cinq cens millions d'écus, on n'en auroit que 32 de bénéfice. On aura beau dire qu'avant de sauter d'une *Martingale* aussi haute on aura épuisé une banque de plusieurs millions d'écus. Nous démontrerons dans la suite qu'une martingale qui ne santeroit jamais pourroit ruiner celui qui la joueroit, par plusieurs manières différentes.

On a vu an *Passe-Dix* passer 53 fois.

On a vu an *Trente-et-Quarante* une même couleur gagner *dix-neuf* fois de suite; une Martingale doublée de 18 coups montant à un déboursé de 262,143 écus ou louis auroit sauté. Selon la seconde table, la perte auroit été de 524,268 écus ou louis, en ne mettant la première mise qu'après la première rouge.

La manière de jouer en *Paroli* est contraire à la précédente. L'autre est de risquer beaucoup pour avoir peu, celle-ci est de risquer peu (en apparence) pour gagner beaucoup.

Il y a trois manières de jouer en *Paroli*. 1) en Paroli simple. En voici l'exemple, sur la première taille de la Planche 5. La *Rouge* gague, je mets un écu à la *Rouge*, *Noire* gagne; je perds. Je mets un écu à la *Noire*, je perds. Je mets un écu à la *Rouge*, je perds: la Noire ayant gagné au quatrième coup, je mets un écu à la *Noire*, je gagne: je retire l'écu que j'ai gagné et laisse celui que j'avois mis: je gagne encore, je retire l'écu de gain et laisse l'autre. Je gagne encore un écu. Ainsi après les sept premiers coups de la première taille j'ai joué 6 fois un écu; j'en ai perdu 3 et gagné 3. Continuant ce jeu pendant toutes les

---

*) Atlas, lettre D.

(huit tailles j'aurois perdu 103 écus, et j'en aurois gagné 112 ainsi il m'en resteroit 9 de gain ; mais il faut en déduire 4 pour les quatre réfaits de *31*, que j'aurois essuyé ; au coup de 5 de la première taille ; au deuxième coup de *deux* de la quatrième taille : au coup de *trois* de la cinquième taille, et au coup de *cinq* de la huitième taille. On voit ici que jouant de la sorte à tous coups et à mâsses égales j'aurois fait passer 215 écus sur la table ; dont 4 m'auroient été enlevés par les réfaits de 31. C'est ainsi que nous l'avons dit, l'avantage du banquier, qui a ce jeu de *Trente-et-Quarante* et de *deux pour cent* sur tout l'argent que les pontes font passer sur la table, de quelque manière qu'ils jouent. Il ne faut pas croire que les cinq écus, ou mâsses, qui me restent en bénéfice soit un gain de la nature du banquier ; car au lieu d'être en gain de 9 j'aurois pu n'avoir ni gagné ni perdu, ainsi que cela arrive de tems en tems en suivant un tel jeu et finalement je me trouverois avoir perdu tout mon capital par les effets du 31. Jouant ainsi à tout coup un écu à chaque fois, en *deux cens tailles* le banquier m'auroit gagné cent sous par son avantage du réfait de 31.

Voilà comme une manière de jouer, qui suivant la perfection du jeu, ne doit faire perdre ni gagner le ponte, finiroit par le ruiner. Il faut donc chercher diverses manières de jouer pour gagner sûrement plus que le réfait de 31 ne puisse nous enlever. J'ai dit diverses manières, pour pouvoir les employer selon que l'état du jeu donnera la *probabilité* de réussir avec telle manière ou avec telle autre ; ainsi que nous le ferons voir ci-après.

La seconde manière de jouer en Paroli consiste à mettre un écu ou un louis à la couleur qui vient de gagner, et à le laisser sur la même couleur, jusqu'à ce qu'elle ait gagnée 4, 5, ou 6 fois de suite, et même plus, de sorte que l'écu et le gain se double à chaque coup. En voici un exemple de la première taille de la Planche 5.

Je mets un écu après la première Rouge, je perds. J'en mets un à la *Noire*, je perds. Un à la *Rouge*, je

,perds. Un à la *Noire*, je gagne: je laisse là les deux écus. J'en ai quatre au troisième coup Noir et j'ai huit écus au quatrième coup, qui est le troisième que j'ai gagné.

Des huit écus que je lève il n'y en a que *sept* de bénéfice (c'est un sept-le-va). Mais je n'ai réellement que quatre écus de bénéfice en ayant perdu trois précédemment. Continuant de la sorte le reste de la taille, à la seconde *Rouge* du coup de trois j'aurois *trois* écus; j'en aurois quatre au troisième coup, et je les perdrois au coup suivant qui seroit *Noir*.

Enfin au troisième coup du *coup* de 5 *Noires*, j'aurois encore huit écus à lever, après en avoir déboursé *douze* depuis la série de quatre Noires. On voit que dans cette taille où j'aurois gagné deux sept-le-va, je me trouverois avoir perdu deux écus. Si je continuois ce même jeu à la deuxième taille je perdrois les quatorze écus que je débourserois pour chercher un *sept-le-va* que je ne trouverois pas. À la troisième taille je trouverois encore deux sept-le-va qui m'auroient coûtés huit écus. Continuant encore à la quatrième taille, j'y perdrois quatorze écus. À la cinquième taille, je gagnerois trois *sept-le-va*, c'est-à-dire 21 écus qui ne m'en auroient coûté que six de recherche. Enfin dans ces huit tailles j'aurois déboursé 99 écus et j'aurois lévé onze *sept-le-va* qui m'auroient produit 77 écus; dont j'aurois perdu 22 écus; sans avoir souffert des 9 réfaits de 31.

D'autres pontes au lieu de chercher des *séries de quatre*, en cherchent de *cinq*, comme celle du bas de la prémiere taille, pour gagner un *Quinze-le-va*. En trouvant cette série de *cinq coups*, le ponte essuyant un réfait de 31 lors qu'il avoit huit écus à la *Noire* ne retireroit que ces huit écus après la cinquième *Noire*. Cependant il en auroit déboursé 16, et n'en ayant gagné que sept; il se trouveroit en perte de neuf écus. Continuant de la sorte sur les huit tailles, il trouveroit 6 Quinze-le-va et huit écus qui rapporteroient 98 écus après en avoir déboursé 99; ainsi il perdroit un écu. D'autres pontes ne cherchent que de grandes séries; telles, par exemple que de sept coups, qui les fassent gagner six fois de suite de manière à lever 64 écus pour *un* qu'ils auroient mis.

De la sorte ayant debonrsé 90 écus dans ces huit tailles ils auroient levé 189 écus dans les tailles 5 et 6. Ainsi ils auroient 99 écus de bénéfice. Mais il faut observer que de ces huit tailles, il y en a six que les chercheurs de parolis appellent superbes, particulièrement la cinquième: et qu'il est assez rare d'en voir d'aussi belles en séries, groupées en peu de tailles: et que généralement les séries quelconques n'arrivent que proportionellément aux chances qui leurs sont inférieures, ainsi que nous l'avons dit.

Il est des pontes qui ne cherchent que les plus grandes séries, telles que de *dix*, ou de *douze*, en se déterminant à un nombre fixe; supposons ici qu'un ponte cherché les séries de onze coups pour en gagner dix de suite. En voici un exemple à la cinquieme taille de la Planche 5.

Le premier coup étant *Noir*, je mets *un* écu à la *Noire*, je gagne; j'ai *deux* écus; puis 4, puis 8, puis je perds ces huit écus; mais je n'en perds réellement qu'un. Je continue; la *Rouge* ayant gaguée, je mets un écu à la *Rouge:* je gagne; puis je gagne encore neuf fois de suite, en sorte qu'ayant gagné *dix* fois de suite mon écu a fait successivement 2 écus, puis 4, 8, 16, 32, 64, 128, 256, 512 et à la dixième fois (qui étoit le onzième coup de la série) je lève 1024 écus ou louis, pour *un* écu ou *un* louis que j'avois mis. On voit que les grandes séries sont au jeu de *Trente-et-Quarante* ce que les gros lots sont à la Lotterie. Voilà ce que beaucoup de pontes cherchent et ce que plusieurs trouvent sans cependant s'enrichir, car le jeu de *Trente-et-Quarante* étant parfait il faut débourser en détail ce que l'on veut gagner et lever tont d'un coup: de sorte que, suivant la nature du Jeu de *Trente-et-Quarante* pour trouver *dix* séries semblables de onze coups tant *Rouges* que *Noires*, qui, ensemble, rapporteroient 10,240 écus il faudroit mettre 10,240 fois un écu à la *Rouge* ou à la *Noire*. Ainsi on finiroit par

ne rien gagner, au contraire l'on feroit une perte considérable, puis que les réfaits de *3,* seroient perdre
plus de 100 écus au ponte; et même plus; car si le
réfait de *3,* arrivoit après le dixième coup, c'est-à-
dire lors que le ponte auroit 512 écus à la couleur, il
ne leveroit que cette somme de 512 écus au lieu de
1024; ainsi ce seul réfait lui feroit perdre 512 écus.

Il est à remarquer que plus les Martingales sont
hantes et plus les séries qu'on cherche sont grandes;
plus les bénéfices du banquier sont grands et plus les
pertes du ponte sont considérables, définitivement.

La manie de chercher des grandes séries pour
faire des *grands coups,* c'est-à-dire de *grosses levées d'argent* est le fruit de *l'ignorance,* de *la cupidité* et de
l'orgueil.

Ce sont ces *grosses levées d'argent* qu'on voit quelquefois faire au jeu qui séduisent beaucoup de personnes et les entraînent dans le précipice. On voit un
ponte lever 1024 écus ou 1024 louis pour *un* écu ou
un louis qu'il a mis à la couleur, on croit que c'est
tout profit pour lui, parce qu'on ne sait pas combien
d'écus il a perdu en détail avant de gagner ce *grand
coup.* Il arrive quelquefois qu'un ponte trouve bientôt une grande série qu'il cherche, et conséquemment
sans avoir perdu beaucoup d'écus. Mais il arrive aussi quelquefois qu'un ponte débourse deux ou trois
mille écus avant de trouver la série qu'il cherche et
qui ne doit lui rapporter que mille écus.

L'expérience ayant prouvé que loin d'avoir plus
d'avantage à chercher des grandes séries, on perdoit
beaucoup plus qu'en cherchant des petites: des pontes
ont cru qu'il y auroit un avantage à chercher des petites en *martingalant.* Voici la manière dont ils cherchent un *Quinze-le-va,* c'est-à-dire une série de cinq
Rouges ou de cinq *Noires.* Voyez ici la *Table de
Martingale* No. 3. *). C'est la troisième manière de
jouer en Paroli.

---

*) Atlas, lettre E.

Mettant un écu à la couleur gagnante ainsi que précédemment, pour trouver une série de cinq coups, qui faisant gagner quatre fois de suite produise une levée de *seize* écus. Si on trouve cette série du premier coup on gagne *quinze* écus (un *Quinze-le-va*). Si on ne la trouve qu'au deuxième coup on ne gagne que 14 écus. Si on ne la trouve qu'au quinzième coup, c'est-à-dire après avoir exposé 15 écus successivement les uns après les autres, on ne gagne qu'*un* écu. Si on perd 15 écus sans avoir trouvé la série, on continue à la chercher en mettant *deux* écus chaque fois pendant 8 fois, alors on en joue trois pendant 5 fois: et ainsi successivement en augmentant ses mises ainsi qu'il est marqué à la *Table de Martingale* No. 3. E.

Cette Table est divisée en *deux* parties et chaque partie en cinq colonnes. La première colonne indique le nombre de coups que le ponte peut avoir perdus. La seconde le nombre d'écus qu'il met à chaque coup. La troisième fait voir combien le ponte a perdu d'écus par les mises précédentes additionnées ensemble et avec celle qu'il expose. Ainsi on voit qu'au dixhuitième coup le ponte mettroit *deux* écus, qui additionnés avec les 19 qu'il auroit précédemment perdus, feroit un déboursé total de 21 écus; on voit par la quatrième colonne que s'il trouvoit son *Paroli* c'est-à-dire une série de *cinq* à cette dixhuitième mise il leveroit 32 écus et on voit par la cinquième colonne qu'alors il ne gagneroit que onze écus. On voit qu'au soixantième coup il mettroit 26 écus qui additionnés avec ceux précédemment perdus feroient une somme de 415 écus, et que s'il gagnoit à ce coup il feroit une levée de 416 écus et n'auroit conséquemment qu'*un* écu de bénéfice. Mais il ne seroit pas en gain puisque les réfaits de 31, lui auroient mangé un grand nombre d'écus.

On voit que cette manière de martingaler à la gagnante, quoi que moins ruineuse que les deux précédentes contre la perdante, est de même nature, de risquer beaucoup pour gagner peu et de finir par ruiner les martingaleurs de l'une et de l'autre espèce.

Il existe plusieurs autres manières de martingaler
à la gagnante; contre la perdante et en *marches bizar-
res*. Je n'en parlerai pas ici, ayant des preuves qu'elles sont toutes ruineuses pour les pontes qui en font
usage à la grande satisfaction des banquiers.

Toutes les personnes qui jouent devroient avoir
constamment dans la mémoire cette excellente maxime de guerre. „*Faites tout ce que votre ennemi
craint; et rien de ce qu'il désire.*"

Cette maxime est très-difficile à pratiquer à la
guerre; mais elle est facile à pratiquer au jeu.

Les banquiers aiment qu'on joue souvent, qu'on
fasse passer beaucoup d'argent sur leurs tables pour
tirer beaucoup de *deux pour cent*, ils aiment qu'on
joue gros jeu, qu'on se livre aveuglement aux caprices du hasard, qu'on fasse des coups de tête, des coups
de désespoir; parce qu'ils savent que presque tous ces
grands coups tournent au préjudice de ceux qui les
font. Ils ne sont pas même fachés de voir quelquefois un ponte faire un beau coup de fortune: parce-
qu'ils savent que tous les pontes fort heureux se pas-
sionnent pour le jeu et finissent tous par réperdre les
grandes sommes qu'ils ont gagnées; et que l'exemple
d'un grand coup de fortune séduit beaucoup de personnes qui, sans cela, ne se hasarderoient pas au jeu, ni
à la manie du grand jeu.

Les banquiers n'aiment pas les pontes qui jouent
rarement, avec combinaison et sagesse, qui attendent
avec patience les grandes probabilités de gain et alors
ne risquent que *peu* pour gagner *beaucoup*: ils n'aiment pas non plus les pontes qui jouant sagement ne
cherchent pas les *grands coups* mais cherchent à cumuler des petits gains qui finalement forment d'assez grosses sommes que les banquiers ne rattrapent jamais.

Mais ce que les banquiers haïssent mortellement,
ce qu'ils craignent, ce qu'ils redoutent le plus, ce
sont les pontes expérimentés et instruits qui caraco-
lent autour de la table du jeu, marquant continuellement toutes les chances qui arrivent, observent la
marche du jeu, calculent, combinent, prévoient

l'approche des grandes séries, les sentent, pour ainsi dire venir et savent sagement risquer quelques écus, les uns après les autres pour les attraper et finissent presque toujours par réussir, et conservent sagement leur gains. Ces sortes de pontes (caracoleurs) que les banquiers par rage, plus que par mépris, appellent *carolleurs*[25]) sont au jeu ce que les *cassé-cous, les partisans instruits*, les *guerillas* valeureux, également prudents et hardis sont à la guerre. Les uns et les autres font *trembler* les plus grosses banques et les plus grandes armées. Nous ferons connoître leur tactique ci-après.

Par tout où l'on joue aux Jeux de Hasard on trouve des personnes qui prétendent connoître quelques manières avantageuses de jouer, et même des manières sûres et infaillibles. Il ne faut pas se laisser séduire par leurs belles démonstrations ni par l'heureuse expérience de quelques tailles ni même de plusieurs séances. Il faut s'assurer du fait par un travail semblable à celui que nous avons indiqué: mais un tel travail est difficile, long et pénible: on ne finiroit jamais si on vouloit vérifier toutes les prétentions des joueurs. Nous pouvons assurer ici qu'à un jeu aussi parfait que celui du *Trente-et-Quarante* il ne peut exister de manière générale, ni régulière de jouer qui définitivement soit avantageuse. De tous les Jeux de Hasard, le *Trente-et-Quarante* est celui qui a été le plus étudié; des milliers de personnes s'en sont occupés, et beaucoup pendant plusieurs années; car c'est un jeu où presque tous les pontes marquent les tailles, ou examinent celles que les autres marquent pour spéculer le jeu: eh bien aucune personne n'a pu trouver ces manières sûres de jouer, c'est ce qui a prouvé de plus en plus la perfection de ce jeu. „Ne cherchez pas de telles manières de jouer régulière-

---

25) C'est ainsi que les partisans instruits, sages et valeureux, quoi que combattans loyalement pour leur légitime souverain, sont qualifiés de *brigands*, par leurs ennemis.

ment," dit Mr. Huyn dans sa *Théorie des Jeux de Hasard*, „car vous n'en trouverez pas; eussiez vous des milliers de tailles. À force de les retourner vous trouverez une manière, une marche qui adaptée à ces tailles vous aura paru infaillible, même par sa bizarrerie; mais de l'instant que vous voudrez la mettre en pratique au jeu vous rencontrerez un de ces événemens sans exemple qui vous jetera dans la classe nombreuse de ceux qui calculent continuellement et finissent toujours par perdre." Eh, comment cela seroit-il autrement, vu le nombre prodigieux de maniéres dont une taille de *Trente - et - Quarante* peut être composée. On voit à la Planche 5. que les huit tailles y sont différentes, tant dans le nombre de coups que dans les chances qui les composent, et l'ordre où elles se trouvent. Nous avons dit que *quatre* coups de suite peuvent se présenter de seize maniéres différentes; on les voit de W en W à la Planche 3. Que *cinq* coups de suite peuvent se présenter de trente - deux maniéres différentes, et ainsi de tous les autres nombres de coups, toujours en doublant.

Une taille de *Trente-et-Quarante* peut avoir trente - deux coups. Or *trente-deux* coups de suite peuvent arriver et se présenter de *quatre milliards deux cens nonante quatre millions neufcens soixante sept mille deux cens et nonante six* (4,294,967,296) maniéres différentes. Or si une banque de *Trente - et - Quarante* avoit été établie il y a plus de cinq mille ans, lors de la création du monde, et que jusqu'à ce moment on y avoit joué constamment sans aucune interruption, de nuit et de jour, les tailleurs se succédant les uns aux autres, on n'y auroit encore fait que la quarante-sixième partie des tailles qui peuvent arriver différemment; en supposant encore qu'on n'eut jamais fait deux tailles semblables.

Une banque taillant sans interruption ne pourroit faire que 50 tailles en vingt - quatre heures; conséquemment 18,250 dans l'espace d'un an. Ainsi il faudroit qu'elle taille continuellement sans interruption pendant 235,340 ans pour produire toutes les espèces de tailles possibles dont une seroit de trente-deux *Noires* et une de trente-deux *Rouges*. Une de trente-deux intermittentes commençant par une *Noire* et une de trente-deux intermittentes commençant par une *Rouge*. Les Jeux de Hasard sont l'image de la guerre; celui du Trente-et-Quarante est, de plus, l'image de l'éternité.

Si les tailles telles qu'elles sont marquées à la Planche 5. sont aussi prodigieusement variées, on peut croire qu'étant marquées comme à la Planche 6 elles doivent présenter une extrême variété de figures qu'on ne sauroit assez étudier pour connoître à fond et parfaitement ce jeu qui est une des plus remarquables inventions de l'esprit humain.

À Paris on fait chaque jour aux diverses tables de *Trente-et-Quarante* plus de *deux cens* tailles connues; on en fait encore plus à Londres et peut-être plus de six cens ailleurs. On peut compter sur plus d'un millier de tailles chaque jour et sur plus de 360,000 chaque année; et comme il en existe un grand nombre de copies qu'on se communique les uns aux autres, il est facile de s'en former une immense collection.

La perfection de ce jeu est prouvée par toutes les personnes qui l'ont étudié et y ont spéculé; cette perfection a fait le désespoir de presque tous les joueurs. Cette perfection n'exclut cependant pas la possibilité d'y jouer avec assurance de gain, ainsi que nous le démontrerons dans la suite, lorsque nous aurons exposé les autres jeux.

ROULETTE.

PLANCHE No. 7.

On voit à la Planche 7, la forme d'une grande *Roulette* supposée placée sur une table ronde C. C. Cette Roulette a 50 cases, dont 24 *noires*, 24 *rouges* et 2 *bleues*; ces cases tournent avec l'intérieur raïonné: après que le banquier a mis cette partie centrale dans un mouvement de rotation de gauche à droite il lance une *boule* D, en sens contraire dans la rainure E. Pendant le mouvement de rotation et avant, les pontes placent leurs mises dans la rainure circulaire *Rouge* ou dans celle *Noire*.

Si la boule tombe finalement dans une des 24 cases *Noires*, le banquier lève tout ce qui est à la *Rouge* et paye à la *Noire* autant d'or ou d'argent qu'il y en a. Si la boule tombe dans une case *Rouge*, le banquier lève tout ce qui est à la *Noire* et paye autant qu'il y a à la *Rouge*. Lorsque la boule tombe dans une case *bleue*, le banquier lève tout ce qui est à la *Rouge* et à la *Noire*, c'est-à-dire qu'il prend tout ce qui est au jeu et n'a rien à payer à personne. C'est là son avantage qui est de *quatre pour cent* de tout l'argent que les pontes font passer sur la *Roulette*: c'est ce qui est le double de l'avantage du banquier de *Trente-et-Quarante*.

Ce profit double est d'autant plus déraisonnable que le banquier de la *Roulette* n'a presque aucun frais, tandis que celui du *Trente-et-Quarante* en a de très-considérables à payer.

Cependant cette *Roulette* de *cinquante* cases c'est je crois la plus grande qu'on ait vue. Ordinairement elles n'ont que *quarante* cases dont *deux* bleues, c'est ce qui porte le bénéfice du banquier à *cinq pour cent*.

Il y en a beaucoup de plus petites; telles que de 24 cases qui produisent *huit pour cent*. Il en est même qui n'ont que seize cases et dont le bénéfice du banquier, ou pour mieux dire de *l'escroc* est du huitième de tout l'argent que les dupes y font passer, c'est-à-dire *douze pour cent*.

On marque les tailles de la *Roulette* comme celles du *Trente-et-Quarante* soit en piquant sur une carte ou en marquant les rouges et les noires avec deux crayons de ces couleurs. On spécule et on joue à ce jeu comme au *Trente-et-Quarante* mais avec beaucoup plus de désavantage.

On n'y porte pas les Martingales fort hautes; et les parolis de séries ne s'y élèvent que peu parce que les banquiers de ce jeu n'y mettent que de petites sommes qu'on ne connoit pas bien, n'étant ni fixée ni en évidence.

Les grandes Roulettes, comme celle-ci, ont ordinairement deux banquiers, dont un est en A, l'autre du côté B. ils ont chacun un tiroir sous la *Roulette* où tombe l'argent dont ils font rafle et hors desquels ils payent les gagnants,

Presque toutes les *Roulettes* sont *viciées* et le *vice* provient de l'imperfection de la machine qui donne une entrée plus facile aux cases d'une couleur plutôt qu'à celles d'une autre; et cette plus grande facilité a le plus souvent lieu pour les cases *bleues*.

D'ailleurs il y a des *Roulettes* construites de façon que la production d'une couleur ou d'une autre est alternativement favorisée par l'assise de la *Roulette* sur la table C. que le Banquier fait jouer à sa volonté par le plus léger mouvement du pied.

On voit que ce jeu n'est pas bien loyal, qu'il est un peu susceptible de fraude, et que la plus grande *Roulette* est très-désavantageuse. Quand aux petites ce sont des vraies coupe-gorges,

Pour qu'une grande roulette de 50 cases fût tolérable, elle ne devroit avoir qu'une case *bleue :* ou une des deux cases ayant une marque *noire* feroit perdre la *noire* et non la *rouge* qui ne gagneroit pas non plus. L'autre case *bleue* auroit une marque *rouge;* alors la *rouge* seule perdroit.

Cet arrangement mettroit le bénéfice de la *Roulette* au taux de celui du *Trente-et-Quarante,* et ce seroit encore trop vu le peu de fraix d'une *Roulette.*

On fait le rélévé des chances produites par la *Roulette* comme on fait celui du *Trente-et-Quarante.*

En voici l'exemple d'après les quatre tailles de la Planche 7.

57 *Noires* — — — —	63 *Rouges.* ——— 6 de plus.
33 Parolis manqués.	32 Parolis manqués.
24 Parolis réussis.	30 Parolis réussis.
donc 9 de peu.	donc 2 de peu.

Chances *Noires.*	Au dessus.	Chances *Rouges.*	Au dessus.
Intermittentes —	19 -- 13.	Intermittentes —	13 -- 19.
Coups de 2 —	7 -- 6.	Coups de 2 —	13 -- 6.
Coups de 3 —	4 -- 2.	Coups de 3 —	2 -- 4.
Coups de 4 —	1 -- 1.	Coups de 4 —	3 -- 1.
Coups de 5 —	1.	Coups de 5 —	1.

EN GÉNÉRAL,

Chances.	Nombre.	Au dessus.
Intermittentes —	32 ——————	33 trop 1.
Coups de 2 —	20 ——————	12 peu 8.
Coups de 3 —	6 ——————	6 égal
Coups de 4 —	4 ——————	2 peu 2.
Coups de 5 —	2.	

Il faut, en second lieu, faire le rélévé des pelotons de *quatre coups* en *quatre coups*, ainsi qu'au *Trente-et-Quarante*; pour voir combien il y en a de chacunes des seize de la planche 3. En voici l'exemple:

Des Chances

1	2	3	4	5	6	7	8	9	10	11	12	13	14	15	16
2	1	2	2	1	2	2		4	1	2	2	1		1	2

Le nombre proportionel de chances pour 128 boules ou coups est de 2. On voit ici qu'au lieu de 32 chances il n'y en a ici que 25 de marquées, parce que les huit *boules bleues* ont rompu 7 pelotons: désavantage exorbitant pour la spéculation des pontes. On voit que les chances 1, 3, 4, 6, 7, 11, 12 et 16 sont dans leur nombre proportionel: que les chances 2, 5, 10, 13 et 15 sont en arrière d'une chaque: et que les chances 8 et 14 sont en arrière de 2. qu'au contraire la chance 9 se trouve en avant de 2,

On doit ici remarquer que les intermittentes, quoi qu'en proportion presque égale avec les coups ou chances au dessus, sont plus nombreuses qu'elles ne doivent être, car trois *boules bleues* en ont occasionné trois qui n'auroient point existé sans elles; autre désavantage, pour la spéculation des joueurs et pour les pontes qui jouent à la gagnante: on doit, de plus, remarquer que pour 128 coups il y a 11 parolis manqués; c'est la huitième partie du nombre proportionel: que les coups de 2 sont beaucoup plus nombreux que ceux au dessus: qu'il en est de même des coups de 3 et de 4. En général ce jeu est très-désavantageux pour les pontes qui jouent à la gagnante. En 128 coups, 8 mases entières enlevées par les boules *bleues* [26])! 8 Parolis de perte!

---

26) Dans la proportion du jeu il ne devroit y en avoir que *cinq*, ainsi il y en a ici *trois* de trop.

Cette surabondance de *boules bleues* se trouve dans presque tous les rélévés que l'on fait des chances de *Rou-*

En 128 coups on doit trouver 32 intermittentes. 16 coups de *Deux*. 8 coups de *Trois*. 4 coups de *Quatre*. 2 coups de *Cinq*. 1 coup de *Six* et 1 coup de *Sept* ou au dessus.

On voit qu'ici aux 128 coups de la *Roulette* les chances supérieures sont partout en arriére. Ce défaut de proportion se trouve, dans presque tous les rélévés qu'on fait des *coups* et *chances* de la *Roulette*: et moins elles ont de cases plus le défaut de proportion est considérable.

Ici en cherchant des coups de 4 et au dessus pour gagner des quinze-le-va, on en auroit trouvé *six* faisant 42 mases, et on auroit déboursé 59 mases: on seroit en perte de 17.

Si on cherchoit des quinze-le-va on en trouveroit *deux* qui produiroient 30 mases, aprés en avoir déboursé 63, ainsi on perdroit 23 mases.

Lors qu'à un jeu, où on peut *parier* pour et contre, il se trouve des *vices* de production des chances, il devroit y avoir une maniére réguliére de jouer avec assurance de gain: car si le *vice* fait perdre lorsqu'on joue à la gagnante; il devroit faire gagner lorsqu'on joue à la perdante, et ainsi du contraire.

À la *Roulette* on doit finalement perdre en jouant à la gagnante: Voyons si on peut gagner en jouant à la perdante. On voit par le rélévé, qu'il y a dans ces 128 coups, *huit* coups de *deux* de trop: en jouant contre les coups de Deux je dois dans ces 128 coups gagner *huit* mases. J'en vais faire l'essai sur les tailles 1, 2, 3 et 4. La *Rouge* gagne deux fois, je mets à la *noire*, je gagne; plus bas (taille 1) viennent encore 2 coups de *deux* rouges, puis un coup de *deux* noires, puis 2 de *rouge*, puis 2 de *noire*; ainsi je gagne huit fois de suite sans avoir perdu une fois.

---

lettes. On en apporte pour raison que les entrées des cases bleues sont rendues plus faciles que celles des autres.

Je continue: les deux derniers coups de la taille 1, sont noirs; je mets à la rouge, je perds: je gagne ensuite trois fois, puis je perds trois fois, etc. Je continue ainsi jusqu'à la fin de la quatrième taille et je marque en taille les fois que je gagne et les fois que je perds ainsi qu'on le voit marqué sur la Planche 7. entre les 4 tailles et la figure de la *Roulette*. Les coups gagnés sont marqués à droite sous la lettre G. les coups perdus sont marqués à gauche sous la lettre P. On voit que j'ai d'abord gagné 8 fois de suite; puis perdu *une* fois; puis gagné 3 fois; puis perdu 5 fois; etc. On voit que finalement j'ai perdu *quinze* fois et gagné *dix-huit* fois; je n'ai donc gagné que *trois* mases au lieu de *sept* que je devois gagner puis qu'il y a 7 coups de *deux* de trop.

Donc au lieu de gagner *sept* mases je n'en gagne que *trois:* c'est *quatre* de péu. Cependant les *boules bleues* ne m'ont fait perdre que *deux* mases par les deux coups de *deux* de la quatrième taille qui ont été suivis de boules bleues.

Il y a donc ici deux *mases* absorbées par le vice du jeu à mon préjudice: et cela au délà de l'avantage connu du banquier: on voit ici clairement qu'il en a encore de secrets dans le vice du jeu.

Essayons présentement de jouer en *Martingale* contre la gagnante.

Martingale, de *trois coups* 1, 2 et 4 contre la gagnante. Chaque intermittente, chaque coup de *deux* et chaque coup de trois doit me faire gagner *une* mase et chaque coup de quatre et au-dessus doit me faire perdre *sept* mases. Ainsi je dois gagner 51 mases; je dois *sauter* 6 fois de 7 mases, faisant 42 mases de perte. Donc je dois finir par gagner 9 mases. Point du tout; au lieu de gagner 9 mases j'en perdrois 1. Voilà une erreur de 10.

En voici la preuve au tableau, ici après F. Les nombres de mases perdues à chaque coup sont marqués à gauche sous la lettre P. et les mases gagnées sont marquées à droite sous la lettre G. Les coups perdus par les *cases bleues* sont marqués d'une étoile, *.

F

Cette différence entre le calcul spéculatif et son résultat, prouve la vérité de ce que nous avons dit, que le calcul seul, de quelle nature qu'il puisse être, ne suffit pas pour faire connoître les Jeux de Hasard; et prouve aussi pourquoi les joueurs, dont parle Mr. Huyn, qui calculent continuellement, perdent toujours.

Ainsi le *vice* de la *Roulette* qui pourroit être avantageux au ponte, ne lui est d'aucune utilité; cet avantage se trouvant anéanti par l'énormité de celui du banquier.

Faisant un jour cette démonstration à quelques officiers de mes amis, un ancien capitaine de grénadiers dit: *Quand le diable seroit dans ce maudit jeu, je veux connoître une manière sûre d'y gagner.* Eh! lui dit-on, comment voulez vous être *sûr de gagner* aux Jeux de Hasard? vous connoissez ce capitaine d'artillerie, profond mathématicien, qui après six mois de calcul, crut avoir trouvé une manière *sûre* de gagner, et voulant la mettre en pratique à Aix, se ruina complettement lui et ses associés: et vous voyez là un ingénieur qui, depuis plusieurs années, barbouille du papier de rouge et de noir et n'en est pas plus riche. „Messieurs, *dit le capitaine,* une longue expérience m'a appris qu'à la guerre, les Ingénieurs et les Artilleurs ne font que de l'eau claire: je ne connois qu'une bonne manière de combattre; c'est, en plaine, de faire charger la cavalerie, et en pays scabreux de faire marcher l'infanterie baïonnettes en avant sans s'amuser à tirailler. Si la *Roulette* ne peut être attaquée de front ni en flanc, il faut la tourner, et lui chercher un côté foible par où on puisse l'entamer. Cela vous regarde Mr. l'Ingénieur, montrez nous le chemin; marchez.“ — Monsieur le capitaine, je ne suis point à vos ordres; ni même aux ordres de votre généralissime; mais pour vous faire plaisir je marcherai à la tête de votre compagnie; car j'aime les braves gens. Ce capitaine étoit un *casse-cou.*

Je dis au capitaine, en lui faisant voir la Planche 6, Monsieur, voilà du terrain scabreux. Cela ressemble assez à des *Profils de Fortification:* Rempart, Chemin de ronde, Paussé-Braie, Fossé, Avant-fossé, Épaulement, Rétranchement, etc.

Si vous aimez de déscendre dans les fossés et de monter à l'assaut, voilà de quoi vous satisfaire.

Il ne suffit pas de savoir qu'un jeu (tel que celui de *Trente-et-Quarante*) soit parfait dans le rapport proportionel de ses chances; mais il faut encore connoître combien chaque espéce de chances peut s'élever et s'abaisser avant de révenir au point d'égalité: pour cet effet il faut les marquer comme à la Planche 6, ainsi que nous l'avons déjà expliqué.

„*Donnez moi*, disoit Monsieur P..... à Mr. Huyn, *donnez moi un jeu dont les diverses chances finissent, de tems en tems par s'égaliser, je trouverai une manière régulière, simple et facile d'y jouer avec assûrance de gain: au moyen de l'application d'une Martingale graduée.*“

Cette Martingale est bien la chose la plus séduisante qu'on puisse mettre sous les yeux d'une personne qui aime le jeu; et d'autant plus séduisante qu'elle éblouit par sa nature et par ses effets. Par sa nature, puisque portée à la plus haute projection elle n'exige pas beaucoup d'argent; puis qu'au centième coup, il ne faut mettre que cent mases, qui joint aux 99 coups précédents ne fait qu'un total de 5,850 mases. C'est moins que n'en exigent les 13 coups de la Martingale doublée, No. 1. dont le montant est de 8,191 mases: et moins que les 12 coups de la Martingale No. 2. quoi que rapportant comme celle-ci une mase de bénéfice pour chaque coup d'élevation et même plus. Cette Martingale et la marche de Mr. P..... est d'autant plus séduisante par ses effets que presque toutes les personnes qui l'éprouvent commencent par gagner en ne faisant même usage que de *sept* ou *huit* coups, 1, 2, 3, 4, 5, 6, 7 et 8, montant à 36 mases. Voyez le tableau de cette Martingale graduée ici-près. *Atlas Lettre G.*

J'étois bien résolu de ne jamais faire connoître cette Martingale, ni la marche faite pour son application; mais j'ai considéré qu'une chose connue de trois personnes, au moins, doit finir par être connue d'un très - grand nombre d'autres, et qu'alors le mauvais usage que l'on feroit de cette Martingale et de cette marche, ne feroit qu'accroître les pertes qu'on fait aux Jeux de Hasard; je me suis déterminé à les rendre publiques; pour, après avoir fait voir tout ce que leur usage a de commode, d'agréable et d'avantageux, en faire connoître tous les dangers et la profondeur du précipice dans lequel elles peuvent entraîner les personnes peu instruites de cette matière et peu expérimentées, ou trop ardentes au jeu. Je dois prier ici les personnes qui liront ce petit ouvrage de ne jamais essayer l'application ni la pratique d'aucune manière de jouer que nous exposons, avant d'avoir entièrement lu, étudié et bien conçu tout ce que ce livre contient.

EXPLICATION DE LA MARTINGALE GRADUÉE; ET DE SON APPLICATION.

Cette Martingale, dont nous venons de donner le tableau *), se joue ainsi. Ayant mis un écu au jeu, si je gagne, je mets encore un écu la seconde fois que je joue, soit de suite ou à quelques tems de là: si je perds un écu, j'en mets deux la seconde fois que je joue, soit de suite, ou à quelque tems d'intervalle; si je perds encore ces deux écus, j'en mets trois le coup suivant; puis quatre; puis cinq etc., si je gagne le coup de cinq écus, j'en mets quatre le coup suivant; si je gagne, je mets trois écus le coup après; si je perds ces trois écus, j'en mets quatre le coup suivant; et toujours ainsi en augmentant ma mise d'un écu chaque fois que je perds, et la diminuant d'un écu chaque fois que je gagne. De la sorte, si à la fin d'une taille ou d'une séance j'ai perdu dix fois et gagné dix fois, j'ai gagné plus d'écus que je n'en ai perdus: en voici l'exemple.

---

*) Dans l'Atlas, lettre G.

A, gagne 1. — *B*, gagne 1. — *C*, perd 1. — *D*, gagne 2. — *E*, gagne 1. — *F*, perd 1. — *G*, perd 2. — *H*, perd 3. — *I*, perd 4. — *K*, gagne 5. — *L*, perd 4. — *M*, perd 5. — *N*, gagne 6. — *O*, gagne 5. — *P*, gagne 4. — *Q*, gagne 3. — *R*, perd 2. — *S*, gagne 3. — *T*, perd 2. — *U*, perd 3.

J'ai perdu C, F, G, H, I, L, M, R, T, U. 27 écus.

J'ai gagné A, B, D, E, K, N, O, P, Q, S. 31 écus.

Donc j'ai gagné 4 écus.

Autre Exemple. A, perd 1 écu. — . *B*, gagne 2 écus. — *C*, gagne 1 écu. — *D*, perd 1 écu. — *E*, perd 2 écus. — *F*, gagne 3 écus.

. J'ai perdu A, D, E. — 4 écus.

J'ai gagné B, C, F. — 6 écus.

Donc j'ai gagné 2 écus.

Dans le premier exemple la Martingale s'est élevée à *six* coups faisant un déboursé de 21 écus : et dans ces 20 coups que j'ai joués, j'ai eu 58 écus au jeu, quoi que n'en ayant que 21 dans ma poche : j'en ai gagné 4 ; des ces 4 écus gagnés le banquier doit m'en manger un par son avantage de 2 pour cent, au *Trente-et-Quarante :* il a du m'en manger 2 si j'ai joué à la *Roulette* qui lui rapporte 4 pour cent.

Dans ce dernier cas il me resteroit 2 écus de gain, cela feroit pour moi un avantage de 4 pour cent sur l'argent que j'aurois fait passer sur la table de jeu : et 16 pour cent de l'argent que j'avois porté et exposé au jeu.

Dans le second Exemple, la Martingale s'est élevée à *trois* coups faisant un déboursé de 6 écus ; j'en ai fait passer 10 sur la table : j'ai eu 2 écus de bénéfice.

L'avantage de cette Martingale est de pouvoir s'élever fort haut sans exiger beaucoup d'argent, et conséquemment de pouvoir soutenir, avec elle, de grandes disproportions de chances ; de fortes *Hausses*, de fortes *Baisses*. Il ne s'agissoit plus, pour la mettre en pratique que de trouver une marche ou une manière

de jouer qui malgré tôntes les variations du jeu ramène de tems en tems le joueur au point d'où il étoit parti.

Cette marche, cette manière de jouer, je l'ai trou-
vée par la marque des tailles selon la Planche 6. où
l'on voit que les Jeux de *Trente-et-Quarante*, de la *Roulette* et du *Biribi* produisent, plus ou moins souvent,
cette égalisation de couleurs ou de chances et conséquemment qu'on peut y appliquer la Martingale graduée, et
nous en allons donner un exemple par la *Roulette*;
jeu *vicié* et très-désavantageux pour le ponte, par
l'excessif avantage du banquier.

Cette marche consiste à jouer contre l'élévation
de la *Rouge* et contre l'abaissement de la *Noire*. Planche 6. La Ligne pleine O. est la ligne du *Point d'é-
galité* c'est où revient une couleur après s'être élevée ou abaissée.

La *Rouge* s'élève lors qu'elle est plus nombreuse
que la Noire; et la *Noire* s'abaisse lors qu'elle est plus
nombreuse que la Rouge. En voici l'Exemple.

Il faut d'abord savoir que la *Roulette* n'a pas pro-
prément de tailles, ou qu'elle n'en a qu'une, qu'on
pourroit marquer comme X Y de la Planche 3. et seroit prolongée verticalement à l'infini. J'ai préféré
marquer les coups de la *Roulette* par colonnes ou tailles de 32 coups chaque, et qui sont censées devoient
se greffer les unes sur les autres; de sorte que les deux
dernières *Noires* de la première colonne ou taille,
avec la première *noire* de la seconde taille forment un
coup de *trois*. Il en est de même de la dernière *noire*
de la seconde taille avec les deux premières *noires*
de la troisième taille. Voyez la Planche 7. où les *cases-bleues* sont marquées sur la ligne verticale, et doivent être complées comme des coups perdus soit qu'on
joue à la *Rouge*, ou soit qu'on joue à la *Noire*.

On voit à la Planche 6, les 128 coups des quatre colonnes de la *Roulette* marqués par *hausses* et par
baisses. La *Rouge* ayant gagné deux fois de suite on
fait un petit trait rouge au dessus de la ligne O. et ce
petit trait tracé en rouge et en montant, doit être de

2 degrés de hauteur; ensuite la *Noire* gagne une fois, on abaisse un petit trait noir, d'un degré, à peu de distance; puis la Rouge gagne une fois, on fait un petit trait rouge en montant. Ici la *Rouge* n'est encore élevée que de deux degrés. La *Noire* gagne encore une fois, on abaisse un petit trait noir. Ici arrive une *case-bleue*, on attend le coup suivant pour la marquer *). Il vient alors deux rouges, on éléve un trait rouge de deux degrés et on marque alors la case-bleue, par un trait très-fin terminé par un très-petit rond, entre le trait noir et le trait rouge, ainsi qu'on le voit à la Planche 6. On continue de la sorte et au vingt-sixième coup les deux couleurs ayant autant gagné et perdu l'une que l'autre la *Rouge* qui s'étoit élevée jusqu'au quatrième degré est revenue à la ligne du point d'égalité. Après quoi la *Rouge* gagne encore une fois, puis la *Noire* une fois. Voilà la seconde égalisation des couleurs.

La *Noire* alors gagne deux fois, on abaisse un trait noir de deux degrés. La *Rouge* gagne une fois, on éléve un trait rouge d'un degré: ensuite la *Noire* gagne encore une fois, on abaisse un trait noir d'un degré: puis la *Rouge* gagne deux fois, on éléve un trait rouge de deux degrés et les deux couleurs se trouvent égalisées pour la troisième fois. Remarquez qu'après la première *Noire* abaissée la première taille étoit finie. On continue à marquer ainsi tous les coups *Rouges* en montant et les coups *Noirs* en déscendant. Les *cases-bleues* se marquent où elles arrivent ainsi qu'on en voit *huit* ici marquées dont deux sont arrivées coup-sur-coup, à la quatriéme taille de la planche 7. On voit que la *Noire* s'est abaissée jusqu'à *six* degrés, et que la *Rouge* s'est élevée aussi à *six* degrés, et étoit encore à cette élevation à la fin de la quatriéme taille.

---

*) On verra ici aprés comment on doit marquer l'endroit où la boule ou case-bleue est arrivée, laquelle ne change et n'altère jamais le tracé gradué des coups effectifs.

Voici présentement comme on applique la Martingale-graduée, à cette taille de *Roulette* de la planche 6.

La Rouge ayant gagné une fois; on met un écu à la *Noire*; la Rouge gagne encore une fois, je perds mon écu : je mets 2 écus à la *Noire*, je gagne 2 écus. Je mets 1 écu à la *Noire*, je perds. Je mets 2 écus à la *Noire*, je gagne 2 écus. Je mets 1 écu à la *Noire*, je perds par une *case bleue*. Je remets un autre écu à la *Noire*, je perds. J'en mets 2, je perds. J'en mets 3, je gagne. Je mets 2 écus, toujours à la *Noire*, je perds. Je mets 3 écus à la *Noire*, je perds. Je mets 4 écus à la *Noire*, je gagne. Je mets 3 écus à la *Noire*, je gagne. Je mets 2 écus à la *Noire*, je perds. Je mets 3 écus, toujours à la *Noire*, je perds. Je mets 4 écus à la *Noire*, je gagne. Je mets 3 écus à la *Noire*, je perds. Je mets 4 écus à la *Noire*, je gagne. Je mets 3 écus, toujours à la *Noire*, une *case-bleue* mes les enlève, je les perds. Je mets 3 autres écus à la place de ceux là, je gagne. Je mets 2 écus à la *Noire*, une *case-bleue* me les enlève, je les perds, j'en mets deux autres, je gagne. Je mets un écu à la *Noire*, je perds, j'en mets 2, je perds. J'en mets 3 toujours à la *Noire*, je gagne. J'en mets 2 encore à la *Noire*, je gagne. J'en mets un, je perds. J'en mets 2, je gagne. J'en mets un, je gagne. Ici les deux couleurs sont *égalisées*.

Alors j'attends pour voir quelle couleur gagnera. C'est la rouge, je mets un écu à la *Noire*, je gagne. Voilà encore les deux couleurs *égalisées*. J'attends encore un coup. La *Noire* gagne (c'est ici la fin de la première taille, ou pour mieux dire, de la première colonne de la planche 7.), je mets 1 écu à la *Rouge*, je perds. Je mets 2 écus à la *Rouge*, je gagne. Je mets 1 écu à la *Rouge*, je perds. Je mets 2 écus à la *Rouge*, je gagne. Je mets un écu à la *Rouge*, je gagne. Les deux couleurs se trouvent *égalisées* pour la troisième fois.

Remarquez que tant que la *Rouge* est élevée au dessus de la *ligne du point d'égalité*, je mets à la

Noire: ét tant que la *Noire* est en dessous de cette ligne, je mets à la *Rouge.*

Quelque simple et précise que soit cette explication on pourroit avoir de la peine à la comprendre: pour la rendre plus claire je marque ici sur un tableau*) tous les coups joués sur les quatre colonnes, de la planche 7. ou pour mieux dire sur l'échelle de gradation des 128 coups de la *Roulette* à la planche 6.

On voit qu'à la fin de la première taille j'avois perdu, dans cette taille 15 coups montant à 28 écus; et gagné 14 coups montant à 36 écus.

Jouant à masses égales, c'est-à-dire jouant un écu chaque fois, j'aurois perdu un écu; par la martingale j'en gagne huit en 32 boules.

À la seconde taille je perds 7 coups et 9 écus;
     et je gagne 16 coups et 25 écus.
     Donc je gagne 16 écus en 32 boules.

À la troisième taille je perds 16 coups et 41 écus;
     et je gagne 13 coups et 42 écus.
     J'ai encore gagné 1 écu.

À la quatriéme taille je perds 18 coups et 61 écus;
     et je gagne 14 coups et 58 écus.
     Donc je perds sur cette taille 3 écus.

En total, j'ai perdu 56 coups et 139 écus:
     et j'ai gagné 57 coups et 161 écus.

Je n'ai donc que gagné un coup de plus, que de perdus; cependant j'ai gagné 22 écus.

Remarquez que 7 *cases-bleues* m'ont fait perdre 7 coups et 2 écus, que j'ai joué 113 coups et 300 écus; cependant je n'avois que 21 écus dans ma poche en commençant à jouer, et que malgré l'énorme avantage du banquier qui m'a fait perdre 20 écus je me trouve avoir 43 écus dans ma poche, ainsi en quatre tailles j'ai doublé mon capital. Ainsi les 20 écus des 7 *cases-bleues,* qui ont fait lever 20 écus au banquier, ont été levés par

---

*) Atlas, lettre H.

lui sur sa propre banque. Ces 20 écus levés par lui, sur les 300 que j'ai joués, fait environ 7 pour cent: et malgré cet énorme avantage du banquier, je lui ai gagné 21 écus c'est ce qui fait 100 pour cent de mon capital exposé: car ma Martingale, qui n'a pas santé, ne s'est élevée qu'à *six* coups: 1, 2, 3, 4, 5, 6, faisant un total de 21 écus. Cependant remarquez encore qu'à la fin de la quatrième taille, je ne me trouvois pas à la ligne d'égalité; j'en étois encore éloigné de *six* degrés; c'est-à-dire que j'avois encore 21 écus engagés dans le jeu qui devoient me revenir par la suite.

Il faut encore remarquer que la première taille, Planche 7, étoit de la nature de celles que les joueurs appellent *détestable*, où les couleurs ont manqué 19 fois leurs parolis, et ne l'ont gagné que 9 fois; et que malgré cette défaveur, pour eux, de 10 coups, j'y ai gagné 8 masses, ou écus. Il faut aussi remarquer que la troisième taille, qui a un nombre de séries double de sa proportion, qui est une des celles que les joueurs appellent superbe, et qui conséquemment devroit être très-mauvaise pour moi, qui joue à la perdante, je n'y ai pas perdu, malgré encore une *case-bleue*, qu'au contraire j'y ai gagné un écu.

Cette démonstration prouve plusieurs choses remarquables.

1) Que cette manière de jouer est bonne à toutes les tailles, belles ou laides, bonnes ou mauvaises.

2) Qu'un bon joueur est comme un bon général qui sait trouver le moyen de battre son ennemi sur tous les terrains et dans toutes les positions possibles.

3) Quelle prodigieuse fluctuation d'argent il se fait aux Jeux de Hasard, puisque n'ayant que 21 écus dans ma poche j'en ai fait passer 300 sur la table du jeu en un seul jour.

4) Que les Jeux de Hasard, les plus avantageux pour les banquiers, sont comme les forteresses

et les armées rétranchées; il y a, presque toujours, quelque côté foible par où on peut les attaquer avantageusement.

Si présentement je fais l'application de la Martingale graduée à la ligne d'égalité du *Trente-et-Quarante*, Planche 6. on verra qu'au milieu de la cinquième taille, Planche 5, j'étois en gain de 40 écus; ma Martingale ne s'étant encore élevée qu'à 21 écus. En suite la *Rouge* s'étant beaucoup élevée j'ai perdu ce que j'avois gagné; qu'à la fin de la huitième je ne me trouvois ni en gain, ni en perte: mais que j'avois neuf coups de ma Martingale, montant à 45 écus, de mon bénéfice précédent, engagé dans le jeu, laquelle somme devoit me révenir avec l'égalité des couleurs.

Nous ferons voir ici après l'application de cette Martingale graduée, au Jeu de *Biribi* et à quelques autres jeux. On doit déjà voir combien cette manière de jouer aux Jeux de Hasard a *d'attraits* pour les amateurs de ces sortes de jeux. D'abord elle satisfait leur *impatience* puisqu'ils peuvent la mettre en pratique de l'instant qu'ils arrivent au jeu. 2) Elle flatte aussi leur *goût* pour le jeu, puisqu'ils peuvent la jouer *continuellement* et presque à *tous coups*. 3) Elle flatte également léur *vanité* en faisant voir à la galerie [27] qu'ils *jouent beau jeu*. 4) Elle est *très-agréable* pour les personnes qui aiment à *manier beaucoup d'argent*, c'est ce que les joueurs appellent *patiner la Fortune*. 5) Elle l'est aussi pour ceux qui n'aiment point les combinaisons ni l'étude, ou en sont incapables; car elle n'exige que de l'attention à la marche du jeu et à la juste gra-

---

[27] On comprend sous le nom de *Galerie* les personnes qui jouent et celles qui regardent jouer. Lorsqu'il arrive une contestation entre deux pontes pour la mise de leur argent, ou entre un ponte et le banquier, l'un ou l'autre invoque le témoignage ou le jugement de la *Galerie*.

dation et dégradation des mises. 6) Enfin elle est très-agréable par les gains qu'elle procure presque à toutes les séances, lors qu'on sait, quand il faut en faire usage et *jusqu'à quel point;* cette dernière condition est la plus importante; car les Jeux de Hasard, même les plus avantageux, soit par leur nature ou par la bonne manière d'y jouer, sont comme les bords glacés de la Mer ou d'un Lac, qui s'y avance trop avant, finit par être englouti dans les flots.

Cette manière de jouer étant sagement employée peut procurer d'honnêtes bénéfices et un très-agréable amusement; c'est pourquoi nous la développerons plus amplement ici après et nous tacherons d'en rendre l'usage aisé et *sûr.*

BIRIBI.

PLANCHES No. 8, 9, et 10.

Le Biribi est une Lotterie de soixante-huit Numéros, dont chacun est placé dans une boule creusée, ou plutôt percée d'outre-en-outre, faite comme la Figure E, Planche 8. Les 68 boules se mettent dans un sac fait comme C. Le banquier, après les avoir bien mêlées, présente le sac aux pontes qui mêlent à leur tour en agitant le sac. Puis le banquier présente le sac à un des pontes pour pousser une boule dans la noix d'yvoir D qui n'en peut contenir qu'une; le ponte fait cette opération en pinçant le sac en dessous pour saisir une boule et la pousser dans la noix. Alors le banquier invite les pontes à faire leur jeu, et chacun d'eux place sa mise, ou ses mises où il lui plaît, sur un tableau fait comme celui qu'on voit à la Planche 8.

Ce tableau est divisé en neuf colonnes, dont huit contiennent huit numéros; celle du milieu, qu'on nomme *la colonne du banquier* n'a que quatre numéros. Les quatre colonnes où sont les numéros depuis 1 jusqu'à 32 forment ce que l'on appelle le *Petit-côté*. Les quatre colonnes où sont les numéros depuis 33 jusqu'à 64 forment le *Grand-côté*.

Du premier côté est une bande Noire et de l'autre une bande Rouge. Ce tableau se roule sur deux bâtons H. H. et se place sur une table faite comme la table verte A. C'est en A qu'est placé le banquier, que, par abus, on nomme aussi *Tailleur*, quoi qu'il n'ait pas de cartes à tailler: à la gauche du *Tailleur*, est un *Croupier* ou *Assistant* placé en *B*, sa fonction est de donner des jetons aux pontes pour leur argent et de ramasser ceux que le banquier fait couler du tableau en le levant, après les payemens faits à chaque boule tirée. Alors ce Croupier ou Assistant remet les jetons dans la boîte *G*, où chaque espéce a sa case particulière.

On peut, ordinairement, ponter à ce jeu des louis-d'or, des écus et des demi-écus; et en même tems des jetons que le banquier donne et réprend à raison de soixante-quatre pour un louis vieux de France, et en donne aussi huit seulement pour un huitiéme de louis ou écu de trois livres (ces prix varient selon dés monnoies des pays où ce jeu se joue). Ces jetons sont d'yvoir et chaque paquet de 64 est distingué par une empreinte et des couleurs différentes, ainsi qu'on en voit quelques uns au bas de la Planche 10. Il y en a une grande variété et le croupier a la plus grande attention à ce que chaque ponte qui en demande, contre argent comptant, n'en reçoive que d'une espéce, et d'une espéce différente des celles de tous les autres pontes qui en ont reçu; cette précaution empêche les contestations entre les pontes pour leurs mises et leurs payemens.

Voici comment les pontes placent leurs mises d'une maniére ou de plusieurs.

Que je joue aux louis, aux écus, ou aux jetons, c'est-à-dire avec une de ces espéces ou avec plusieurs en même tems, cela m'est libre et permis; en terme de jeu, chaque espéce qui compose une mise se nomme *masse*. Ainsi si je joue toujours un, ou deux écus; ou un, ou deux jetons à la fois, soit sur le même numéro, sur une colonne, sur une couleur, ou d'autre maniére sans jamais augmenter ni diminuer mes mises, cela s'appelle *jouer à Masses égales*. Je vais ici jouer de la sorte aux écus.

Je mets un écu sur le Numéro 2. si la boule qu'on tire immédiatement après contient le No. 2. le banquier mettra soixante-trois écus sur le mien, ainsi j'en leverai 64. donc j'en gagnerai 63. Mais il y a 67 contre 1 à parier que mon écu sera perdu: c'est-à-dire que dans la proportion de ce jeu je dois, à la longue, jouer et perdre 670 écus pour en gagner 630, c'est ce qui fait 40 de défaveur, et un avantage de plus de 6 pour cent pour le banquier de tout l'or et l'argent que les pontes font passer sur son tableau de *Biribi:* car son avantage est du même taux sur toutes les autres manières d'y jouer, que nous allons exposer.

Placer sa mise sur un numéro, comme on le voit au No. 2. et au No. 22, au No. 68. etc. cela s'appelle *Jouer en-plain.* Si je mets un écu sur la séparation des numéros 11 et 19, cela s'appelle *Jouer-à-cheval;* Si le No. 11. ou le No. 19. sort, le banquier mettra 31 écus sur mien, ainsi j'en leverai 32. Si je mets un écu à la jonction des quatre numéros 12, 20, 13 et 21, ou sur la jonction des quatre numéros 65, 35, 66 et 36 cela s'appelle *Jouer-en-carré.* Si un des quatre numéros sort, le banquier mettra 15 écus sur le mien, ainsi j'en leverai 16 (cela équivaut à un *quinse-le-va* du Pharaon).

Si je mets un écu en *N.* sous le numéro 8, cela s'appelle *Jouer-à-la-colonne:* si un des huit numéros de cette colonne de 1 à 8 sort, le banquier mettra sept écus sur le mien, ainsi j'en leverai 8, cela équivaut à un *sept-le-va.* Si je mets un écu en *P.* cela s'appelle *jouer à la colonne du banquier:* si un des quatre Numéros 65, 66, 67 et 68 sort, le banquier mettra 15 écus sur le mien et j'en leverai 16, ainsi que sur un *carré.*

Si je mets un écu en *O* et qu'un des 16 numéros des deux dernières colonnes sort, je leverai 4 écus, dont 3 de gain: mais il y a peu de banquiers qui souffrent cette dernière façon de jouer.

Si je mets un écu sur la bande noire, cela s'appelle *Jouer-au-petit côté:* si un des 32 numéros depuis 1 jusqu'à 32 sort, le banquier mettra un écu sur le mien; ainsi je n'en gagnerai qu'un.

On voit qu'on peut jouer à ce jeu à toutes chances et à tout prix, jusqu'à celui modique d'un soixan-

te-quatrième de louis. C'est là ce qui le rendroit ré-
commandable s'il n'étoit pas aussi désavantageux pour
les pontes. L'avantage du banquier y est exorbitant,
et d'autant plus répréhensible que ce jeu ne lui coûte
que très-peu de frais et peu de fond; le banquier n'y
expose que de modiques sommes.

Les deux couleurs Noire et Rouge (qu'on y a ajou-
tées depuis plusieurs années) ne changent rien à la
nature de ce jeu ni à ses effets, car autrefois, qu'elles
n'existoient pas sur de tels tableaux, on y jouoit aussi bien en grand et en petit côté. L'addition de ces
deux couleurs est un *leurre* pour attirer des *dupes*
(ainsi qu'à la Roulette et à plusieurs autres jeux).
Toutes les personnes qui aiment les Jeux de Hasard
connoissent la supériorité du *Trente-et-Quarante*
pour sa loyauté, sa perfection et la modicité de l'avantage du banquier qui n'est que de *deux* pour cent. Ici
il est de plus de *six* pour cent. On voit que le *Biribi* est un *petit fripon* qui a pris le costume d'un grand
seigneur, pour attraper les gens.

C'est dommage que ce *joli jeu* soit si désavantageux; car c'est le plus amusant par les diverses combinaisons qu'il présente aux pontes. Il est estimable par
sa loyauté, n'étant susceptible d'aucune fraude de la
part des banquiers, ni de la part des pontes.

Il est aussi le plus tolérable par le petit jeu qu'on
y joue ordinairement. Ha! pourquoi le père de ce
joli garçon en a-t-il fait un *grippe-sous*. Cela est d'autant plus vilain que ce jeu est *le jeu favori des Dames*.
J'ai toujours admiré la tranquillité, le calme, la patience, le sang-froid, la modération, *la sagacité*
avec lesquels les Dames, en général, jouent à ce jeu:
elles s'y conduisent avec une telle sagesse, qu'elles s'y
soutiennent longtems, malgré l'excessif désavantage
du jeu [28]).

---

28) On a vu à Spa, à Aix etc., des Dames qui, pendant
toute la saison des Eaux, jouoient presque tous les jours
à ce jeu et en partoient sans y avoir perdu, et en général

Cela prouve qu'avec de l'intelligence, un peu d'étude et quelques qualités morales, on peut lutter avec avantage contre les rigueurs de la Fortune et parvenir à la soumettre.

On fait usage à ce jeu de diverses marques, observations et combinaisons, la plupart assez ingénieuses, et nous devons cette justice aux Dames, d'avouer que nous leur en devons l'invention. Nous exposerons ces diverses combinaisons et les manières avantageuses de jouer à ce jeu, après avoir achevé d'expliquer sa forme et son usage.

Lors que le banquier présente le sac *C* aux pontes pour mêler les boules, puis pour en pousser une dans la noix d'yvoir *D*, il agite cette noix, pour prouver à la galerie qu'elle est vide. Lors que tous les pontes ont placé leurs mises sur le tableau, le banquier demande *le Jeu est-il fait?* puis dit, *le Jeu est fait, tout va. Voilà la boule.* Alors le banquier ouvre la noix, en tire la boule et, au moyen de la cheville *F*, fait sortir le billet numéroté qu'elle contient et le montre à la galerie en nommant le numéro à haute voix; puis place ce billet sur le tableau au point *Q*, où il reste en évidence jusqu'à ce que tous les payemens des mises gagnantes soient effectués. Le banquier ne touche pas aux mises perdantes avant que toutes les gagnantes ne soient payées; et voici comme il procède à ce payement. Il paye en argent comptant toutes les mises qui en sont susceptibles. Si en *O* il n'y avoit qu'un jeton, le banquier en donneroit trois semblables au ponte qui auroit gagné, si un des 16 numéros de 49 à 64 étoit sorti. Les mises du grand et du petit côté se payent double; un seul jeton, ou deux ou 3 du côté gagnant se payent en jetons de même qualité;

---

telles qui y perdent, y perdent peu. J'ai vu à Aix une Dame qui, sans être riche, jouoit habituellement chaque jour au Biribi depuis plusieurs années et en tiroit d'honnêtes bénéfices. Son assiduité à ce jeu étoit telle, que les joueurs l'appelloient *Madame Biribi*.

mais s'il s'en trouve 4 appartenans au même ponte le banquier lui offriroit un écu de trois livres ou 4 jetons; si le ponte préfère l'écu, les 4 jetons qu'il a mis à la couleur, ou pour mieux dire au côté, resteroient sur le tableau pour le banquier, il les retire seulement hors de la bande noire ou rouge.

Le banquier paye d'abord le *Plein* s'il y en a un; puis *l'à-cheval*; puis *le carré*; puis *la colonne*; et finalement le *côté* qui a gagné. Après quoi il lève le tableau par les deux bâtons *H. H.* et fait couler tout ce qui est dessus en *I. K.* C'est là où sont les espèces sonnantes de la banque soit en tas *I. K.* ou en rouleaux étiquetés *L.* les jetons sont retirés par l'Assistant et replacés dans la caisse *G.*

Supposons que le 2 sort; s'il y a un écu de trois livres ou un louis sur le 2: le banquier dit *huit louis, ou soixante quatre louis* au 2, et les présente au ponte qui les a gagné: mais la mise est alors enlevée par le banquier qui seul peut toucher le tableau depuis l'instant qu'il a dit *tout-va* jusqu'à ce qu'il a tout payé, tout enlevé et dit de nouveau, *Messieurs faites votre jeu.* Voici comme il paye les jetons, supposons qu'il n'y ait rien autre chose à la gagnante, et que le jeton qui est sur le 2 soit de la qualité 3 de la Planche 10. Le banquier dit, *un louis à la croix de Malte,* et le présente. Si le jeton *N* est de l'espèce 5, il dit, *un écu au coeur d'or,* et le présente. Supposons que les cinq mises du *Petit-côté* soient dans l'ordre descendant des jetons des espèces 2, 10, 4, 1, et 11. le banquier dit *4 jetons à la croix de Bourgogne: 2 jetons à la boule noire: un écu au coeur rouge: 2 jetons au ruban rouge: 2 jetons à l'étoile bleue.* Puis il ajoute: *Tout est payé,* enlève le tableau, puis le remet et dit, *Messieurs faites votre jeu.* (Deux chandeliers *M. M.* éclairent le jeu).

Ces détails minutieux étoient nécessaires pour la connoissance de ce jeu et en faire voir toute sa loyauté, par la probité et l'honnêteté avec laquelle il se joue de part et d'autre; étant toujours exempt d'altercations soit avec le banquier ou entre les pontes; quand le banquier dit *un écu au coeur d'or,* s'il m'appartient

personne ne peut me le contester, puisque je suis alors
le seul qui ait des jetons marqués d'un coeur d'or en
mains. À ce jeu, aucune fraude ni erreur ne peut
être commise par les pontes ni par les banquiers: l'a-
gitation de la noix *D*, faite à diverses réprises est une
précaution nécessaire pour la sûreté du banquier et des
pontes. Voici une anecdote qui le prouve et qui a fait
sentir la nécessité de cette petite opération.

Un ponte, à qui le banquier avoit présenté le sac (Notez qu'alors le banquier tient toujours le sac par la noix
D.) pour pousser une boule dans la noix; ne pouvant l'y
faire entrer, jugea que la dernière boule qu'on avoit tirée
y étoit restée, n'ayant pas passée l'orifice étroite du
sac lors que le banquier voulut l'y remettre: le ponte
ne fit plus d'efforts inutils, et auquel le banquier n'a-
voit pas fait d'attention: le ponte, en honnête homme
auroit du avertir le banquier de cet incident; au lieu
d'agir loyalement, il eut la vilenie de ne rien dire; il
s'informa quel étoit le dernier numéro sorti et le char-
gea en plein de tout l'argent qu'il y put mettre: ce numéro sorti ainsi qu'il en étoit sûr, et il reçut 64 fois
sa mise; je dis qu'il le reçut, car quelque chose que l'on
puisse dire pour excuser le silence déloyal de ce ponte
et sa vilenie à profiter de la faute du banquier (et même si l'on veut de sa friponnerie), je persisterai toujours
à prétendre qu'il n'a pas gagné l'argent qu'il a levé
par ce coup. Comme on ne croit pas, généralement
qu'un des 68 numéros qui vient de sortir, sortira encore de suite, *sonica*, il n'y a presque personne qui
s'avise de mettre au même numéro qui vient de sortir,
ni même aux premières chances qui en dependent, telles que l'*à-cheval* et le *carré* (quoi que cela peut arriver): il est donc possible qu'un banquier qui verroit
de riches pontes à son jeu qui se disposeroient à beaucoup
charger son tableau, amèneroit ainsi frauduleusement
le même numéro pour les faire perdre, et augmenter
son gain: dans un tel cas le banquier présenteroit le
sac à un de ses affidés secrets. Cette dernière circonstance, n'ayant par eu lieu dans le cas ici cité, où
doit croire qu'il n'y avoit aucune mauvaise intention

de la part du banquier, mais seulement un peu de né-
gligence sur ses propres intérets; c'est ce qui rend le
ponte vraiment blâmable. On voit par cet exposé que
les fréquentes agitations de la noix D n'est point une
minutie enfantine, mais une précaution nécessaire pour
assurer les intérets des pontes, ceux du banquier et
manifester la loyauté de ce dernier.

On voit ici, qu'aux Jeux de Hasard, il faut faire
attention aux plus petites choses.

Voici présentement comme on y spécule.

Au *Biribi* presque tous les pontes tiennent note
des numéros qui sortent, ou consultent les notes que
les autres pontes en tiennent: ainsi que cela a lieu au
Jeu de *Trente - et - Quarante* au sujet des tailles. Il y
a diverses maniéres de marquer les numéros et les chances qu'ils produisent, pour spéculer sur les degrés de
probabilités de la proximité des chances futures.

On voit dans l'Atlas ci - joint au tableau I, la premiére maniére de marquer les boules ou numéros du
Biribi. Ce tableau intitulé *Tailles de Biribi* est partagé en deux parties. Chacune de ces parties présente
quatre colonnes de chiffres. La premiére colonne
marque l'ordre du tirage, c'est-à-dire celui de
la sortie de chaque numéro: la seconde colonne contient les numéros sortis pour le petit côté; dans
la troisième colonne sont les numéros sortis pour la
colonne du banquier [29]: et dans la quatrième sont
marqués les numéros sortis pour le grand côté.

On voit que le treizième numéro sorti a été le
No. 28. pour le petit côté: le quatorzième fut le No.
67 pour le banquier; et que le quinzième fut le No. 50
pour le grand côté. On voit ici cinquante numéros
sortis marqués, parmi lesquels il y en a eu quatre pour
le banquier, 23 pour le petit côté et 23 pour le grand,
ainsi il y a là égalité entre les côtés ou couleurs.

---

29) Lors. qu'un des ces quatre numéros 65, 66, 67 et
68, sort, le banquier lève à son bénéfice tout ce qui
est au grand et au petit côté.

En marquant les numéros sortis de cette manière on voit assez distinctement les chances qu'ils ont produites au grand et au petit côté, en intermittentes, en coup de 2, de 3 et en séries. En voici l'état.

Au Petit-côté:	*Au Grand-côté:*
25 Numéros.	25 Numéros.
8 Parolis réussis.	9 Parolis réussis.
14 Parolis manqués.	14 Parolis manqués

Au dessus:		Au dessus:	
10 Intermittentes	4	7 Intermittentes	7
2 coups de 2 - - 2		5 coups de 2 - - 2	
2 coups de 4.		2 coups de 3.	

EN GÉNÉRAL.

	Au dessus:	
17 Parolis réussis.	17 Intermittentes	11
28 Parolis manqués.	7 coups de 2 - - 4	
	2 coups de 3 - - 2	
	2 coups de 4.	

On voit ici qu'il existe une grande disproportion entre les Parolis réussis et les manqués qui devroient être en nombre égal (c'est ce qui se trouve de tems en tems dans un jeu parfait). Il y a aussi une grande disproportion entre le nombre des intermittentes et les coups au dessus.

Une aussi courte expérience que celle de cinquante boules ou numéros, ne peut servir de preuve suffisante pour décider si ce jeu est *vicié*: il faut pour cela réunir les rélevés des chances produites par plusieurs centaines de mille numéros. Or voilà ce qui a été fait dans plusieurs villes où ce jeu existe depuis longtems: et partout on a acquis la preuve que ce *vice* de défaut de proportion existe; et que conséquemment il ne faut pas à ce jeu jouer à la gagnante, que très-rarement, extrêmement rarement, et seulement lorsqu'on a de grandes et nombreuses probabilités de succés: nous parlons ici du jeu de Biribi joué en grand et petit-côté. Il faut, sur-tout, s'abstenir de la recher-

che des séries; car les produits des petites ne rappor-
teront pas les deux tiers de l'argent débourré pour
les attraper, et les produits des grandes n'en rendent
pas un tiers: aussi ne voit on pas les Dames suivre
cette manière défavorable de jouer, et en cela elles
montrent beaucoup d'intelligence et de sagesse.

Il semblera d'après cela, qu'il doit y avoir un
grand avantage à jouer contre la gagnante, soit à *masses égales* ou en *Martingale*: nous pouvons assûrer que
cette marche ne seroit nullement avantageuse si elle
étoit continuée. Elle pourroit réussir si, étant courte
et la martingale très-petite, elle étoit employée à
propos, d'après les grandes probabilités: nous en parlerons ici après.

Plusieurs Dames marquent encore l'ordre des numéros sortis d'une autre manière; se servant pour cet
effet d'un papier semblable à ceux qui servent de cane-
vas pour les dessins de broderies; on en voit un exemple dans la Planche 9. Chaque numéro se marque selon l'ordre de sa sortie et toujours une ligne plus bas
que le précédent de manière que le cinquantième numéro sorti soit marqué à la cinquantième ligne vers le
bas. On voit ici (Planche 9) très-distinctement les
numéros du petit-côté marqués en bleu ou en noir,
et ceux du grand côté en rouge. Les 4 numéros du
banquier se marquent au bout à droite, de quelle couleur et marque que l'on veut; mais très-distinctement
des numéros du grand-côté. On distingue aussi sur
cette Planche les colonnes; celles qui ont été les plus
fortunées et celles qui ont été les moins heureuses, enfin celles qui depuis le plus long-tems n'ont pas gagné. On voit que ce sont les sixième et septième colonnes qui réunissent le plus d'infortune et de retard:
ces deux circonstances forment une double probabilité
en leur faveur, car chaque colonne, à la longue, doit
avoir sa part égale de bonheur comme toutes les autres: ainsi si je voulois jouer à la colonne ce seroit à
ces deux là que je placerois mes mises. Voilà comme
marquent, observent, raisonnent et se déterminent
les Dames qui s'amusent à ce joli jeu et comment el-

les parviennent à surmonter son excessif désavantage. Mais ce n'est là qu'un foible échantillon de leurs nombreuses spéculations. Elles observent encore les pleins, ou numéros les plus en arrière et les moins arrivés, soit pour jouer *en plein*, ou *à cheval*, ou *en carré*, etc.

Pour cet effet on marque encore la sortie des numéros d'une autre façon, ainsi qu'on le voit aux tableaux *K.* et *L.* de l'Atlas. Ces deux tableaux étant joints ensemble (le second sous le premier n'en forment plus qu'un, qui conserve toujours la même hauteur, mais s'alonge successivement et considérablement avec le tems. Plus ces sortes de tableaux deviennent considérables, plus les probabilités qu'on en tire paroissent bonnes.

On voit sur ce tableau (les deux étant réunis) les 68 numéros marqués à la suite les uns des autres formant une ligne verticale, et divisé selon les *neuf* colonnes du tableau de la Planche 8. celle du banquier formant ici la queue.

Après chaque numéro on marque à droite, après le petit trait noir, un zéro à chaque numéro qui sort; de manière que d'un coup-d'oeil on voit les numéros qui ont sorti les plus souvent, ceux qui ont sorti le plus rarement, et en même tems ceux qui n'ont pas encore sorti: ces derniers sont supposés dans les commencéments de la marque d'un tel tableau; ainsi que celui-ci. On voit (tableaux *K. L.*) que le numéro 36 a sorti *quatre* fois; que les numéros 4 et 64 ont sorti *trois* fois chacun; qu'il y a *huit* numéros qui ont sorti *deux* fois chaque; qu'il y a *vingt-quatre* numéros qui n'ont sorti qu'une fois chaque; et qu'il y a *trente-trois* numéros qui n'ont pas encore sorti; quoi qu'on ait déjà tiré cinquante boules des 68 numéros.

On voit aussi la division des 64 numéros en petit et en grand-côté et le premier chiffre à gauche marque le nombre de numéros qui ont sorti pour l'un et pour l'autre côté, et l'on voit que chacun en a eu 23; et que la colonne du banquier en ayant eu 4, cela forme les 50 numéros déjà tirés.

On voit aussi la subdivision des 68 numéros en *neuf* colonnes, et par la seconde ligne verticale de chiffres combien il est sorti de numéros pour chaque colonne. Ainsi on voit qu'à la première colonne (de 1 à 8) le 2, le 5 et le 7 ont gagné une fois chaque, et que le 4 a gagné trois fois; cela fait *six fois* que cette colonne a gagné; c'est ce qui est marqué à gauche par le chiffre 6.

Les chiffres 6, 6, 4, 7, 9, 5, 4, 7 et 4 marquent combien chaque colonne a gagné de fois.

De chaque numéro part une ligne horizontale, c'est-à-dire transversale, tracée au crayon ou très-légèrement et très-finement en noir, ainsi qu'il est indiqué par des points sur les tableaux *K. L.* C'est sur cette ligne et sur chacune des semblables qu'on marque, avec un crayon rouge (ou de la couleur rouge) un petit rond pour pouvoir voir, compter et aprécier l'état du jeu passé et faire ses combinaisons pour l'avenir: opération qui doit se faire aisément, clairement et en un instant.

Outre ce tableau *K. L.* pour la spéculation des *Pleins* on en fait un autre *M. N. O. P.* sur lequel on marque les *à cheval* gagnans, aussi par un petit rond rouge.

Ce tableau *M. N. O. P.* est donné ici en quatre parties (à cause du format *octavo* adopté); on peut les joindre ensemble en coupant celui *N.* à la ligne ponctuée *C. D.* pour être appliqué à la ligne ponctuée *A. B.* du tableau *M.* et ainsi de même des deux autres tableaux *O.* et *P.*

Le premier chiffre à gauche indique le premier numéro de la demi-colonne transversale, du petit ou du grand côté sur laquelle se trouvent les *à-cheval* de sa subdivision, et sous chaque premier chiffre en est un autre plus petit indiquant le nombre d'*à-cheval* contenu dans chaque subdivision.

On voit qu'à la première demi-colonne transversale, composée des numéros 1, 9, 17 et 25, il y a *sept* à-cheval: que ceux de 1 à 9, de 9 à 17, de 1 à 2, de 17 à 18 et de 25 à 26 ont gagné *une fois chaque*,

et que celui de 9 à 10 a gagné *deux* fois; qu'ainsi cés *sept*
à-cheval ont gagné *sept* fois entr'eux; celui de 17 à
25 n'ayant pas encore gagné.

On voit par ces quatre tableaux *M. N. O. P.* réunis qu'après cinquante *boules* de Biribi tirées, les 115
à-cheval donnoient un total des 175 gagnans et que
25 à-cheval n'avoient pas encore gagné. Que ceux
de 35 à 44 et de 36 à 37 ont gagné *six* fois chaque etc.
On voit aussi que la demi-colonne transversale 5. n'a
eu que *cinq* gagnans tandis que celle 36 en a eu *vingt-
sept*. Ce chiffre 27 se voit au bas du tableau *O.* avant
les chiffres 60 et 61 : C'est ainsi qu'à la fin de chaque
séance, après avoir marqué en rouge les à cheval gagnans et combien de fois chaque, on marque au bas de
chaque demi-colonne le nombre de gagnans qu'elle a
eus: mais ce chiffre doit être seulement marqué au
crayon pour pouvoir être effacé avec de la gomme éla-
stique ou de la mie de pain après la séance suivante
pour y substituer celui du nombre des gagnans qu'il
y aura alors.

On marque de la même manière les gagnans *aux
carrés* ainsi qu'on le voit aux tableaux *Q, R.* On y
remarque que le carré 36, 44, 37 et 45 a gagné *sept-fois*
et que celui 66, 36, 67 et 37 a gagné huit fois: que
des 48 carrés il n'y en a que *deux* qui n'ont pas encore
gagné: que le nombre total de gains est de *cent et quarante sept*.

On voit au bas du tableau *R.* combien de fois chaque colonne verticale a gagné: et que celle de 33 à
40 a gagné *neuf* fois.

Ces *quatre* tableaux des Pleins, des à-cheval, des
carrés et des colonnes (donnés ici en 8 feuilles de *K* à
R) se font une fois pour toute la saison; on les laisse
dans son cabinet et on ne fait chaque jour qu'y marquer, après chaque séance, les divers gagnans par des
petits ronds rouges, on les alonge par des feuilles blanches lignées lorsqu'il est nécessaire: plus ces tableaux
se remplissent de numéros sortis successivement, plus
les probabilités qu'on en tire ont de force.

D'après la Planche 9, et les 4 tableaux en huit
feuilles, on fait encore *quatre* autres tableaux qu'on
voit en *S. T. U.*

Sur le tableau *S.* on marque le nombre et le retard
de chaque Plein. Ce tableau est partagé en deux parties, la première se coupe à la ligne ponctuée *C. D.* pour
être jointe à la première à la ligne *A. B.* (c'est ce
qu'on fait avec les autres tableaux où cela est indiqué.)

Chacune de ces parties est divisée en *sept* colonnes
verticales de chiffres: la première sous la lettre *N.*
fait connoître combien de fois chaque *Plein* a gagné:
la seconde sous les lettres No. indique les numéros des
Pleins, qui sont les 68 du tableau du *Biribi.* Cette
deuxième colonne de chiffre est la seule marquée à
l'encre, tous les chiffres des autres colonnes doivent
se tracer au crayon, et rectifiée à la fin de chaque séance et augmentée d'autant de colonnes de Retard qu'il
y a eu de dixaines de numéros tirés. Pour cet effet on
coupe les deux parties verticalement en *E, F,* et en
G. H. et on les fixe, avec des épingles sur un long papier divisé en lignes et colonnes blanches: la première partie où sont les numéros se recule, sur ce grand
papier, vers la gauche à la distance requise. On fait
la même opération pour les *à-cheval,* les *carrés* et
les *colonnes.* Cette besogne se fait chaque jour facilement et promptement lors qu'on a les papiers pré-
parés pour cet effet; cela coûte peu.

On voit sur la Planche 9. que le No. 1. n'est pas
encore venu après 50 boules tirées, ainsi il est de 50
tirages en retard.

On voit que le No. 2. est sorti une fois et que depuis lors il n'y a eu que *quatre* tirages. On voit le
No. 11. sorti *trois fois* et qu'il n'y a eu que *seize* tirages depuis le dernier sorti. On voit que le No. 10.
n'est encore sorti qu'une fois et qu'il y a eu *quarante*
tirages depuis lors; etc.

Cette courte explication suffit, pour faire conce-
voir ce tableau *S.* et ceux *T.* et *U.*

La Planche 9. fait voir le tableau des 68 *Pleins.*
Le tableau *V.* est celui des 115 *à-cheval:* et le ta-

bleau *IV.* est celui des 48 carrés. Les 9 colonnes se voient sur la Planche 9. de 1 à 8, de 9 à 16, etc.

Le tableau X est le modéle de celui qu'on doit avoir sur une trés-grande feuille de papier qu'on conserve dans son cabinet avec des jetons de deux espéces différentes pour les spéculations préparatoires, qu'on fait dans son cabinet avant d'aller au jeu: ainsi que nous allons l'expliquer, en supposant des jetons *bleus* pour marquer les grandes probabilités de gain, et des jetons *rouges* pour marquer les moyennes probabilités.

Il faut remarquer qu'il y a ici deux espéces différentes de probabilités, celles d'observations et celles de déterminations, et chacune de ces espéces se divise en deux: les grandes probabilités et les moyennes. Nous allons d'abord expliquer la *spéculation* puis la *détermination*: aprés quoi nous ferons voir l'exécution ou maniére de jouer.

* — SPÉCULATION. Avant de me rendre à une séance de *Biribi*, j'examine sur la Planche 9. et sur les tableaux *L. K.* et *S.*: quels sont les numéros qui ont sorti le moins souvent: je vois qu'il y a 33 numéros qui n'ont pas encore sorti; je mets sur le grand tableau X. 33 jetons bleus, c'est-à-dire un jeton sur chaque emplacement du numéro non sorti: ainsi qu'on le voit à 1, 5, 6, 8, 12, 13, 15, 17, etc. Je vois ensuite sur les tableaux *M. N. O. P.* que des 115 à-cheval il y en a 25 qui n'ont pas encore gagné: je place 25 jetons, c'est-à-dire un sur chaque à-cheval qui n'a pas encore gagné; ainsi qu'on le voit entre 17 et 25, entre 12 et 13, etc. Je vois aussi au tableau U que des 48 carrés il y en a deux qui n'ont pas encore gagné; ce sont ceux marqués 11 et 46 dn tableau W. je mets ai · mémes places un jeton bleu à chaque au tableau X. Je vois enfin au bas des tableaux *R.* et *U.* que la colonne de 17 à 24 et celle de 49 à 56 n'ont gagné que *quatre* fois chaque et celle de 41 à 48, *trois* fois seulement, je mets un jeton *bleu* à chacune de ces colonnes. Tous ces jetons bleus marquent les probabilités par la *Rareté.* Outre les non arrivés (par le peu de boules ou

numéros qui ont été tirés) je recherche les chances les plus anciennement arrivées; j'en trouve *quatre* aux Pleins qui sont 19, 22, 38 et 43 de la forte colonne de 50 à 40: je mets un jeton *rouge* à chacun de ces numéros. Je vois ensuite au tableau *T.* les à-cheval les plus en retard, j'en vois *cinq* à la forte colonne de 50 à 40: ce sont les numéros 21, 37, 71, 76 et 102 du tableau *V.* je mets un jeton *rouge* à chacun de ces à cheval sur le tableau *X.* Je vois sur le tableau *U.* six carrés à la colonne de retard de 40 à 30 ce sont les numéros 29, 30, 32, 33, 42 et 47 du tableau *W.* je mets un jeton rouge à chacune de ces croisades, sur le grand tableau *X.* Finalement je vois au bas du tableau *U.* que les deux colonnes les plus en retard sont celles de 6 à 41 et de 7 à 49; je mets un jeton *rouge* à chacune de ces deux colonnes. J'en mets aussi un à la colonne du banquier parce qu'on a tiré déjà 21 boules depuis la dernière fois qu'elle a gagné. Tous ces jetons rouges marquent les probabilités par le retard. Il s'agit présentement de déterminer quelles chances je choisirai, d'après le plus de probabilités de gain, pour jouer la séance prochaine.

* — DÉTERMINATION. Je chosis d'abord les *deux carrés* 11 et 46 qui sont les seuls; des 48 qui n'ont pas encore gagné et que les carrés sont des chances qui se réproduisent souvent (dans la proportion du jeu ce doit être environ *trois* par boules): et qu'il en est déjà 147 qui ont gagné en 50 boules, sans que ces deux aient gagné, quoi que, proportionellement, ils auroient du gagner chacun trois fois. Je marque deux ronds *bleus* aux croisades 11 et 46, sur le petit tableau *Y*, qui doit être de parchemin lisse et huilé. Je choisis le *Plein* 21 parce qu'il peut produire 5 chances non arrivées et une fort en retard. Je choisirai encore le *Plein* 47 parce qu'il peut aussi produire 5 chances non arrivées et une fort en retard.

Je ne vois qu'un à-cheval à choisir, c'est celui 110 parce que le No. 47 qui le feroit gagner produiroit encore 5 autres chances et que le No. 48 qui le feroit aussi gagner produiroit encore 4 autres chances: je le marque d'un rond *rouge*, au tableau *Y*.

Jé fais un point *bleu* à la colonne de 41 à 48 et un autre à celle de 49 à 50. Je marque aussi un point *rouge* à la colonne du banquier.

Présentement je consulte ma bourse du jeu; car toutes les personnes qui veulent se faire un amusement d'un jeu de hasard sans y perdre, et à plus forte raison y gagner, doivent y destiner une somme réservée uniquement pour cet emploi et déterminée d'après sa fortune, de manière à n'en être nullement incommodé si on la perdoit totalement.

Je suppose ici que j'ai *dix* louis pour tout fond, dans ma bourse de jeu, pour toute la saison; je ne jouerai donc qu'aux jetons, ainsi j'en ai 640 à perdre.

Je me détermine donc à jouer un jeton sur chacune des *huit* chances marquées sur le tableau *Y* cela fera *huit* jetons ou un quart de louis à chaque boule.

Si le banquier tire *quatre-vingt* boules consécutivement sans que j'en gagne une seule, je perdrois la totalité de mes dix louis en *quatre* heures de tems: cela est possible; mais cela n'est pas probable, et une telle veine de malheur pour une personne qui à chacune de ces 80 boules jouoit sur *vingt-deux* numéros à la fois seroit un fait inouï: mais nous le répétons, cela est possible.

Il est probable qu'en jouant ainsi sur 22 numéros à la fois, seulement avec *8* mises ou jetons, qu'on attrapera à chaque séance de 20 à 30 boules, quelques numéros dont le produit dédommagera des pertes faites par la recherche des autres. Tel est le sentiment des personnes qui connoissent bien ce jeu et y ont joué longtems: elles récommandent de jouer de tems-entems sur *cinq* chances au moins et sur *huit* ou *neuf* au plus aux plus basses mises possibles et toujours déterminées par le plus grand nombre de probabilités des évenemens antérieurs. Nous devons faire observer ici que *cinquante* boules de Biribi ne suffisent pas pour avoir des vraies probabilités de gain; il faut pour cela en avoir quelques centaines des dernières tirées et marquées selon les diverses manières que nous avons exposées dans les tableaux précédens.

On tire ordinairement environ cinquante boules chaque jour; il faudroit donc rester une semaine sans jouer et s'amuser pendant ce tems à regarder jouer, à marquer les numéros tirés et à en former les tableaux. Tout ce que nous venons de dire sur la spéculation de ce jeu, n'est que pour la faire connoître par des exemples, avant que de s'y amuser au risque d'y perdre son argent, on fera fort bien de s'amuser chez soi à s'y exercer avec des jetons.

Lors qu'on est parvenu à bien connoître ce jeu, et qu'on y est assez exercé pour y jouer sans s'embrouiller, mais avec beaucoup d'aisance: on attendra toujours que le jeu offre de nombreuses et fortes probabilités pour tel et tel numéro et pour telle et telle chance: c'est-à-dire qu'il ne faut pas vouloir jouer à toutes les séances, ni, lors qu'on y joue, y vouloir jouer continuellement. Lors qu'on joue sur plusieurs chances et qu'on en a gagné une forte en peu de tems ou deux moyennes, on peut, et on fera bien d'abandonner la poursuite des autres et attendre une autre séance pour recommencer une autre poursuite de chances réunissart de nombreuses et fortes probabilités de gain.

* — EXÉCUTION. Je me suppose au jeu ayant en main le petit tableau de parchemin roulé Y. C'est mon gouvernail. Ayant mis huit jetons au jeu sur les chances indiquées; si la boule tirée ne m'en fait gagner aucune, je mettrai encore huit jetons pour le coup suivant, et toujours ainsi jusqu'à ce que je gagne. Si un des trois numéros 12, 13 ou 20 sort, je gagnerai le carré 11, je leverai 16 jetons. Il en sera de même si le numéro 39 ou 40 sort. Si le numéro 48 sortoit, je leverois 32 jetons pour l'à-cheval 110 et 8 jetons pour la colonne de 41 à 48, de plus 16 jetons pour le carré 46: ainsi la sortie du No. 48. me feroit lever 56 jetons. Si le No. 21 sort, je leverai 64 jetons. Si le No. 47 sortoit, je leverois 64 jetons pour le *Plein*, 32 pour l'à-cheval, 16 pour le carré et 8 pour la colonne; ainsi ce No. me feroit lever 120 jetons. Si un des No. de-

puis 41 jusqu'à 48 ou depuis 49 jusqu'à 56 sortoit, je leverois à la colonne gagnante 8 jetons. Voici l'état général des 8 chances que je pourrois :

Deux *Pleins* qui doivent produire 126 jetons
Un *à-cheval* — — 30
Deux carrés — — 30
Deux colonnes — — 14
Une colonne de banquier — 14

Total 214 jetons.

Or mettant 8 jetons chaque fois, j'ai 27 boules à jouer pour trouver toutes ces chances : il n'est pas probable que je les trouverois toutes en si peu de boules. Ainsi cette manière de jouer n'est pas absolument sûre pour gagner définitivement. Il est bon de la connoître en détail pour s'en servir avec prudence lorsque la réunion d'un grand nombre de probabilités se trouveront sur *trois* ou *quatre* chances : je ne crois pas prudent d'en jouer d'avantage, et même seulement, lorsque le produit d'une de ces chances pourra couvrir tous les déboursés faits avant d'avoir gagné la première : pour qu'on puisse abandonner la poursuite des autres ayant quelques gains ; ou, tout au moins, sans perte.

Voyons présentement les autres manières de jouer à ce jeu. Nous nous sommes fort étendu sur ce *Jeu de Biribi*, et nous devons encore le faire connoître d'avantage, parce que c'est de tous les Jeux de Hasard celui qui présente le plus de combinaisons et que la connoissance de toutes ces combinaisons est nécessaire pour bien connoître tous les autres Jeux de Hasard et nous éviter de nombreuses répétitions. De plus ce Jeu de *Biribi* étant très-amusant par ses nombreuses spéculations, et moins dangereux que tous les autres par la modicité des sommes qu'on y expose, mérite d'être parfaitement connu, car il peut être, plus que tous les autres, un vrai jeu de société en y jouant des jetons de nulle valeur ou du plus bas prix possible.

On voit à la Planche 10 une fort bonne manière de marquer la taille du Petit et du Grand côté par des ronds *noire* pour les coups du Petit et par des ronds *rouges* pour les coups du Grand : les numéros du banquier se marquent sur la ligne du milieu par des ronds *jaunes* ou par un trait *noir* (comme les refaits de 31 au 30 et 40).

Voyez l'état que nous avons donné de cette taille de 50 numéros, ici devant : et la remarque que nous avons faite sur l'insuffisance des l'arolis.

Si on jouoit à la gagnante simplement en parolis de 2 ou trois coups seulement, on y perdroit. Si on jouoit contre la gagnante à màsses égales on ne gagneroit que quatre màsses : si on martingaloit de 2 coups contre la gagnante 1 puis 2 je perdrois 26 màsses et n'en gagnerois que 27 : donc *une* seulement de bénéfice.

Si je fais usage d'une martingale de trois coups 1, 2, 4, je perds 38 màsses et je n'en gagne que 40 : donc je ne gagne que deux màsses.

Si je fais usage d'une martingale de quatre coups 1, 2, 4, 8. je perdrois 37 màsses et j'en gagnerois 64 donc je gagnerois *ici* 27 màsses. Ce petit exemple ne doit pas faire croire que la martingale soit à ce jeu de petit et grand côté une manière avantageuse d'y jouer à tous coups : il faut observer que ma martingale a été ici trois fois à son dernier coup et que j'aurois pu sauter trois fois de 15 màsses, faisant 45 màsses de perte. Une plus haute martingale ne seroit pas insautable et ne serviroit qu'à augmenter le bénéfice du banquier par son avantage de six pour cent.

Il y a une manière inverse de martingaler au *Biribi*, plusieurs joueurs l'employent à la poursuite des *Pleins*, des *à-cheval*, des *carrés* et des *colonnes*, presque tous s'en trouvent mal ; et cependant beaucoup de personnes, qui ne connoissent pas le jeu, la conseillent aux autres et cherchent à les engager dans une association de martingale qu'ils donnent comme très-lucrative et même insautable : elle paroit d'autant plus proposable que portée à *trois-cens* coups, commençant par un jeton elle ne monte qu'à *soixante-six louis*, pour la poursuite d'un *Plein* ; à 140 coups, montant à *vingt-cinq* louis pour la poursuite d'un à cheval; à 64 coups, montant à *dix* louis pour la poursuite d'un *carré;* et finalement d'une de 32 coups, montant à *six* louis pour la poursuite d'une colonne. On voit qu'il y a là de quoi convenir à toutes les bourses, depuis la plus grosse jusqu'à la plus petite. Une société de *trois* personnes à deux louis chaque paroit une bagatelle. J'en ai vu faire de *dix*, de *vingt-cinq*, et même plus, et je les ai vu sauter presque toutes. Plus elles sont séduisantes et plus je me crois obligé de les faire connoître pour qu'on se tienne en garde contre les avanturiers ou les ignorans qui les proposent.

Il faut d'abord remarquer que le gain de la *colonne* équivaut à un *sept-le-va* du *Pharaon*, ou à un coup de *quatre*, joué après la première gagnante, au *Trente-et-Quarante.* Que le *carré* équivaut à un *quinze-le-va*, ou a un coup de *cinq* au Trente-et-Quarante. Que l'à-cheval équivaut à un coup de *six*, ou *trente-un-le-va.* Qu'enfin le *plein* équivaut à une série de *sept coups.*

On peut juger par là que la plupart des hommes qui jouent au *Biribi* y portent la manie de chercher de grands coups, qu'ils ont contractés au *Trente-et-Quarante*, au *Pharaon*, à la *Bassette* etc.

Les deux tableaux *Z, A A,* étant joints ensemble aux lignes ponctuées *C, D, E, F.* présentent d'abord à gauche une longue colonne faisant voir qu'un louis valant 64 jetons, *deux* en valent 128, *trois* 192 etc. et ainsi de louis en louis jusqu'à la somme de 80 louis; puis de *dix* en *dix* jusqu'à 120 louis. De sorte que lors qu'on dit que les 209 coups de la martingale montent à la somme de 958 jetons on voit d'abord, d'un seul coup-d'oeil que cela fait 15 louis moins 2 jetons. On voit que cette colonne ou échelle de louis et de jetons est nécessaire pour pouvoir apprécier d'un seul coup-d'oeil les divers états des martingales faites avec des jetons.

Voici l'application de la martingale sur le *Plein.*

Je mets un jeton sur un numéro du *Biribi* pour gagner un *Plein* de 64 jetons. Si je perds ce jeton, j'en mets encore un, puis encore un, enfin et l'on tire 63 boules sans que ce *numéro* sort, alors ayant perdu 63 jetons, j'en mets *deux* chaque coup suivant : si après avoir mis trente-une fois *deux* jetons le numéro n'est pas encore sorti j'ai perdu en 94 coups 125 jetons. Mais si j'y avois gagné le nonante-quatrième coup je me trouverois en gain de 3 jetons : voilà ce qu'indiquent les chiffres de la dernière colonne de droite sous la lettre *B*. On voit qu'au deux-cent et neuvième coup, si je le gagnois, je ne ferois que récupérer ma perte de mille et vingt jetons (16 louis), et que j'aurois en sus *deux* jetons de bénéfice ! Finalement au dernier coup de cette martingale, qui est le *trois-centième* si je le gagnois, je ne récupererois que ma perte de 4180 jetons (65 louis et 20 jetons) et j'aurois pour salaire de ma peine et d'un aussi grand risque 22 jetons !!

On voit ici que les martingales à la gagnante, à la poursuite de Grand Paroli sont aussi folles et ruineuses.

Ce n'est pas là risquer peu pour gagner beaucoup, ainsi qu'on le croit, parce qu'on ne voit mettre que de petites sommes à chaque coup : on ne calcule pas à quelle somme exorbitante se montent toutes ces petites ainsi cumulées les unes sur les autres.

Une martingale sur le *Plein* ne peut être portée au delà de *trois-cens* coups, parce que le dernier coup, étant de 66 jetons (un louis et 2 jetons), le banquier n'y tiendroit pas de plus haute mise, pour plusieurs raisons ; et en cela je trouve le *Biribi* plus estimable encore, en ce qu'il met un terme honnête à la cupidité et à la folie ruineuse des pontes.

On se tromperoit grossièrement si on croyoit qu'une martingale de 300 coups est insautable, une de 600 peut sauter car on a vu des numéros rester plus de 700 boules sans sortir.

On voit sur le tableau *A A.* la martingale de 140 coups, pour la poursuite d'un *à-cheval :* le trente-neuvième coup se monte à 48 jetons qui cumulé sur les 38 précédents fait une somme de 1523 jetons (24 louis moins 15 jetons): le cent-et-quarantième coup est ce que les joueurs de profession nomment *l'ancre de miséricorde:* c'est le coup de désespoir, le reste de la somme de 25 louis; si on gagne ce coup, on retire ces 1600 jetons exposés et 864 jetons (13 louis et demi) en sus pour le bénéfice: mais il est extrêmement rare de voir gagner un tel coup; presque tous ceux qui le risquent au jeu, perdent leur *ancre* et leur *câble.*

Un à-cheval peut rester en retard de plus de trois cens boules ou numéros tirés, ainsi une telle martingale pourroit sauter deux fois de suite et faire perdre 49 ou 50 louis au martingaleur. Il perdroit excessivement plus s'il portoit sa martingale de 139 coups à 200, ou même à 170 seulement (si le banquier le permettoit), car après les 140 premiers coups chaque mise devroit en louis sonnant, augmenter successivement et toujours cumuler les uns sur les autres *dans la caisse* du banquier; qui a la faculté d'en soustraire, à la fin de chaque séance (c'est-à-dire après vingt ou trente boules tirées) les bénéfices faits par la modique somme qu'il expose ordinairement à ce jeu. Circonstance très-désavantageuse pour les hautes martingales.

On voit au tableau *E*, qui est le cinquième de l'Atlas, une martingale de 64 coups à la gagnante pour la poursuite d'un *quinze-le-va:* elle se monte à 544 jetons (9 louis et 27 jetons) lors qu'on l'emploie au *Biribi* à la poursuite d'un *carré;* et à ce dernier coup (de 34 jetons) on n'en gagneroit que *cinq.*

Un telle martingale peut sauter *trois* ou *quatre* fois de suite. Si on la portoit plus haut que 64 coups elle seroit beaucoup plus ruineuse et fut-elle de 200 coups elle ne seroit pas insautable, ni au *Biribi,* ni au *Trente-et-Quarante,* ni à la *Roulette,* ni au *Pharaon,* ni à la *Bassette* etc. Nous devons ici répéter, que toutes les martingales, qui font courir les martingaleurs après l'argent qu'ils ont perdu, sont excessivement ruineuses.

On voit sur le tableau *BB.* la quatrième martingale du *Biribi:* elle est de 32 coups pour la poursuite

de la colonne. Ces 32 coups s'élèvent à la somme de
371 jetons (6 louis moins 11 jetons). Le dernier
coup qui est de 47 jetons (trois quarts de louis) ne produiroit, si on le gagnoit, que 5 jetons de bénéfice.
On ne peut la porter plus haut sans des désavantages
de diverses espèces.

On voit à la Planche 10, cinquante boules du
Biribi marquées en huit tailles de colonnes. Le numéro 1 est de la colonne de 1 à 8; le No. 2 est de la
colonne de 9 à 16; etc.

On voit que la première colonne a d'abord perdu 12 fois de suite et souffert 3 boules de la colonne du
banquier, c'est ce qui porte cette série de perte à 15
coups. Alors cette colonne gagne *une fois*, puis perd
14 fois, etc.

On voit que toutes les colonnes ont de grandes
séries de *Pertes* et n'ont que des coups intermittens de
gain, excepté *trois* qui ont fait leur *Paroli*. Cela fait
trois coups de *deux* et quarante *intermittentes*. On voit
à la sixième et à la septième colonne une série de perte
de 23 coups et une de 29, qui ne sont pas encore ter-
minées et peuvent se prolonger encore extrêmement.

Ce court exemple suffit pour faire voir combien
il est désavantageux de martingaler au *Biribi* soit
contre la perdante, ou pour attraper un *Plein*, ou
un *à-cheval*, ou un *carré*, etc. Pour connoître à
fond et parfaitement le jeu de *Biribi* il faut marquer
tous les numéros sortis et les chances qu'ils ont produites sur *Onze* tableaux semblables à ceux depuis *K.*
jusqu'à celui *U.* et assez longs pour y contenir les produits de plusieurs milliers de numéros tirés.

De plus il faut faire *quatre* tableaux comme celui des *huit* colonnes de la Planche 10, mais plusieurs
centaines de fois plus longs (verticalement) que celui-ci.

Celui-ci a *huit* colonnes, il devroit en avoir une
neuvième — séparée, pour la colonne du banquier.

Le *Deuxième* tableau seroit pour les *carrés* et
devroit avoir *quarante-huit* colonnes.

Le *Troisième* seroit pour les *à-cheval* et auroit cent et quinze colonnes.

Le *Quatrième* seroit pour les *Pleins* et auroit soixante-huit colonnes. Cela feroit en total 240 colonnes comme les huit de la Planche 10, qui, pour *dix-mille* numéros seroient, verticalement, *deux cens* fois plus long que celui de la Planche 10.

Ces quatre tableaux placés l'un près de l'autre occuperoient un espace d'environ *huit* pieds de large sur environ *huit cens* pied de long. Cependant un tel tableau général ne contiendroit pas la moitié des numéros qu'on tire dans l'espace *d'un an* à un *Biribi* qui tous les jours tient *trois heures* de séance et tire soixante boules chaque jour.

Par ce petit échantillon de l'immensité d'ouvrage qu'il faut faire, pour connoître *un seul* Jeu de Hasard, on peut juger qu'il y a très-peu, extrêmement peu de personnes qui les connoissent à fond et parfaitement. On doit juger aussi, que pour cela, tous les calculs possibles, et toute l'étude théorique de la plus extrême profondeur ne suffissent point: qu'il faut y joindre une pratique studieuse très-longue, très-exacte et très-pénible.

On voit ici combien est excessif le nombre de personnes qui se livrent aux Jeux de Hasard sans les connoître, car on doit le voir ici clairement, que ce n'est pas en jouant, même toute sa vie, qu'on apprend à connoître parfaitement les Jeux de Hasard; et qu'il ne faut pas s'étonder si les *neuf* dixièmes des personnes qui y jouent, y perdent, et si un très-grand nombre s'y ruinent.

On doit voir aussi que de la multitude des personnes qui ont *écrit* sur les Jeux de Hasard, soit pour ou contre, il n'y en avoit peut-être pas trois ou quatre qui les connoissoient bien; et c'est principalement cette ignorance de la matière qu'il traitoient, qui a fait perdre aux auteurs des écrits contre les Jeux de Hasard, la peine qu'ils se sont donnée pour cela.

Je dois aussi faire mention d'une manière de jouer au Biribi, qu'on croit d'abord fort bonne, qui réussit quelquefois et finit souvent par être fatal à ceux qui s'y livrent inconsidérément. Il y a des personnes qui regardent constamment jouer à ce jeu, et cherchent à voir les personnes qui martingalent à la poursuite de quelques chances en retard, ou qui la poursuivent à masses-égales depuis long tems: lorsqu'elles voyent le martingaleur sauté d'une très-haute martingale, ou le pourchasseur épuisé; alors l'observateur le remplace dans cette funeste carrière, croyant attraper le lièvre que le premier chasseur n'a pu avoir. Cette tactique ne seroit pas fort mauvaise si le retard, puis la poursuite antérieure avoit été très-longue et que le dernier pourchasseur n'y destinoit qu'une petite somme et la jouoit à masses-égales.

Voyons présentement l'application de la martingale graduée contre la gagnante du grand et du petit côté.

Voyez à la Planche 6. les cinquante boules du *Biribi* marquées en gradation avec la ligne du point d'égalité, et ce que nous avons dit de l'application de la martingale graduée à la Roulette. Voyez en même tems la taille *B*. des 50 boules ou numéros du *Biribi* marqués aussi en *noir* pour le *petit-côté* et en *rouge* pour le *grand-côté*.

Voyez au tableau *B B*. l'état du gain et de la perte fait par l'application de la martingale graduée.

La rouge gagne et s'élève d'un degré, je mets *un* jeton à la noire, je perds: je mets *deux* jetons à la noire, je gagne.

Je mets *un* jeton à la noire, je perds: je mets *deux* jetons à la *noire*, il vient un numéro du banquier, je perds mes *deux* jetons; j'en remets *deux* autres, toujours à la noire, je gagne: et ainsi de même aux 44 coups suivants, augmentant ma mise d'un jeton chaque fois que je perds, et la diminuant d'un jeton chaque fois que je gagne. On voit que finalement j'ai perdu 86 jetons et gagné 106, ainsi je me trouve en gain de 20 jetons, cependant les quatre numéros du banquier m'en ont mangé 15. Remarquez que j'ai perdu 26 coups et que je n'en ai gagné que 23. Remarquez aussi que ma martingale ne s'est élevée qu'à *huit* coups dont le total de la cumulation n'a fait que 36 jetons.

On voit que cette manière de jouer au *Biribi* est la plus lucrative, la plus facile, celle qui exige le moins d'argent et que conséquemment c'est la plus agréable et la moins dangereuse: il ne s'agit que de savoir l'employer à propos, à la plus modique élevation possible et savoir la suspendre à propos.

C'est ce que nous démontrerons ici, après avoir fait connoître les autres Jeux de Hasard.

Nous devons encore nous récrier ici contre la vilenie des banquiers de *Biribi* qui se reservant *quatre* numéros, portent leur avantage à plus de *six* pour cent de toutes les mises qui passent sur leur tableau. Ces Messieurs ont beau dire que la modicité du prix des mises qu'ils admettent ne leur procure que peu de bénéfice hors duquel ils doivent payer le privilége, ou les risques d'être punis par la police.

2) De payer le loyer de la maison ou de la salle;

3) Les fraix du Jeu, feu et lumière, etc.

4) Les appointements du Tailleur, de l'Assistant, du garçon domestique: enfin de l'officier de police et des soldats de garde, lorsque la banque est privilégiée; ou les surveillans lorsqu'elle ne l'est pas.

5) Il faut de plus, qu'outre tous ces fraix payés, il reste au banquier assez de bénéfice pour payer les intérêts des fonds qu'il expose et parer aux pertes qu'il risque de faire, le hasard lui étant aussi sohvent contraire qu'aux pontes.

Toutes ces raisons ne sont pas sans poids, nous allons les mettre dans un des bassins de la balance et nous mettrons les plus modiques bénéfices dans l'autre,

FRAIX.

Supposons une banque de Biribi jouant toute l'année, ainsi qu'il y en avoit une autrefois à la redoute d'Aix la Chapelle: comptant trois heures de jeu chaque jour, en diverses séances.

Pour le Tailleur, à raison d'un demi-louis
    par jour, fait pour les 360 jours de
    l'année - - - - -   180 Louis
Pour l'Assistant ¼ de louis chaque jour, fait   90
Pour le feu et la lumière en hiver - -   45
Entretien du sac, du tableau, du tapis, etc.   15
Pour le loyer de la salle -   -   180
Gardes, ou surveillants -   -   90
Intérêts d'un fond de 1000 louis à vingt
    pour cent, risque compris - -   200

                           Total 800 Louis

PRODUIT.

Comptons 1000 heures de jeu à 20 boules par
heure, fait 20,000 boules.

Comptons de mises sur le tableau à chaque boule ou tirage d'un numéro, l'un parmi l'autre, ou terme moyen, 32 jetons et un louis et demi en espèces
sonnantes, cela fait 2 louis par coup, et en somme totale pour les 20,000 coups, 40,000 Louis.

L'avantage de six pour cent produit 2,400 Louis.

Voilà une rétribution trois fois plus forte que le
montant de tous les frais! Nous avons porté ces derniers assez haut; et nous n'avons pas fait monter la
somme totale jouée dans l'année à la moitié de ce
qu'elle est quelquefois.

Donc, en diminuant l'avantage du banquier de
moitié, réduisant le nombre des numéros à 66, dont
deux pour le banquier, celui-ci feroit encore annuellement une recette de 1,200 louis, au moins, ce seroit
400 au dessus des frais.

Mais ces frais ne sont réellement que de 600 louis
au plus, les 200 louis d'intérêt du capital étant joints
aux 400 formeroient 600 louis pour l'intérêt ou bénéfice annuel d'un capital de 1000 louis; c'est ce qui feroit, *soixante* pour cent.

Avec un aussi énorme bénéfice le banquier du
Biribi pourroit encore payer sa part du privilége; je
dis sa part, car ces priviléges s'accordent ordinairement
ment à une seule personne, ou société pour différens

jeux qu'ils établissent; parmi lesquels le *Biribi* est toujours le moindre pour la rétribution. Cela s'entend d'un *Biribi* où le jeu est aussi modique que celui de *deux* louis par boules, pour toute la Galerie, qui est toujours nombreuse à ce jeu; sur tout lors qu'on y joue aux jetons. À Spa on n'y jouoit que des espèces sonnantes; la plus basse mise étoit d'un huitième de louis; j'y ai quelquefois vu le tableau couvert d'or qu'y jetoient les Lords anglois; ce *Biribi* rapportoit autant d'or qu'une des mines du Pérou.

C'est ici le lieu d'examiner la cause d'un contraste frappant. Pourquoi au *Trente-et-Quarante* qui est un jeu parfait, où le banquier n'a qu'un avantage de *deux* pour cent, un grand nombre d'hommes y perdent considérablement et que plusieurs s'y ruinent, tandis qu'au *Biribi* où l'avantage du banquier est de *six* pour cent on n'y voit pas faire de grandes pertes; que la plupart des Dames qui y jouent n'y perdent qu'extrêmement peu, que beaucoup même y gagnent et en emportent d'honnêtes bénéfices à la fin de la saison?

Je crois devoir répondre à cette question pour l'intérêt de toutes les personnes qui jouent quelquefois aux Jeux de Hasard, et pour celui de ceux qui pourroient être tenté d'y jouer en les voyant; car on en trouve partout aujourd'hui; beaucoup de grandes auberges, d'hôtels, de cafés, de cabarets, recèlent des tripots de jeux.

Les Dames, en général, ne jouent que pour s'amuser, ou seulement avec un peu d'intérêt: et de petits bénéfices les contentent parceque leurs désirs sont modérés; un article de mode, ou un bijou de quelques louis, voilà le plus haut point de leurs désirs. Les Dames ont plus de patience, elles savent attendre les grandes probabilités de gain; elles jouent petit jeu; les veines de pertes, étant petites, ne les déroutent pas; elles conservent leur sang-froid, le calme de l'âme, si nécessaire à la spéculation qu'elles aiment beaucoup et dont, généralement, elles s'acquittent assez bien étant habituées aux petits détails : on peut, au jeu, les comparer à un bon pilote, qui toujours le gouvernail en mains et la carte de sa route avec la boussole sous les yeux, ne perd jamais la tramontane, navigue avec art et patience contre vent et marée et finit, presque toujours, par arriver au port qu'il désiroit.

Il en est tout autrement des hommes, en général ; un grand nombre ne s'occupent du jeu que par cupidité : leur impatience est extrême et leurs désirs sont déreglés. *Celui-ci*, veut vite gagner cinquante louis pour acheter un joli cheval ; il veut les gagner aujourd'hui. *Celui-là*, en veut gagner cent *tout de suite*, il les destine à l'emplette d'un Wisky. *Un autre* en désire deux cent pour,...... *Un autre* en veut mille : pour les avoir, presque tous cherchent de grandes séries, comme si le jeu devoit en produire continuellement, presque aucun ne spécule, ou spécule mal, ne connoissant pas bien le jeu ; le plus grand nombre se jetent aveuglement, à corps perdus, dans la mer du hasard et y périssent misérablement.

Nous le répéterons cent fois s'il le faut, que les jeux ne sont pas faits pour s'y enrichir, ou s'y ruiner ; mais pour s'amuser à peu de fraix ; même sans fraix ; même avec quelques bénéfices si on le veut on s'y conduisant sagement. Or sous ce rapport on conviendra que le *Biribi* est de tous les Jeux de Hasard le plus propre du but raisonnable d'un honnête amusement. Nous souhaitons que des banquiers se montrent dignes du titre d'honnête-homme, en se contentant, à ce jeu, d'un avantage de *trois* pour cent.

On verra ici après, si l'on doit s'attendre à voir ce souhait accompli.

ROULETTE-BIRIBI.

Nouveau Jeu.

Nous avons fait voir qu'une *Roulette* de cinquante cases qui n'en a que *deux* pour le banquier, procure à celui-ci un avantage de *quatre* pour cent, tandis que celui du *Trente-et-Quarante* n'est que de
deux pour cent; que l'avantage exorbitant de la Roulette est d'autant plus condamnable, que ce jeu n'exige presque aucun frais, tandis que le *Trente-et-Quarante* en a de très-grands.

Nous venons aussi de faire voir que l'avantage du
Biribi étant de *six* pour cent n'étoit pas tolérable.

Voici quelque chose de nouveau et de très-re-
marquable.

On voit depuis quelques années, dans un lieu des
plus célèbres de l'Allemagne par ses Eaux minérales
une Roulette de *quarante* cases, dont *quatre* sont pour
le banquier, cela lui forme un avantage de *dix* pour
cent. Des trente-six cases pour les pontes il en a
dix-huit noires, chacune marquée d'un numéro depuis 1 jusqu'à 18; les dix-huit autres cases sont rouges, chacune marquée d'un numéro depuis 19 jusqu'à 36.

À cette roulette est joint un tableau de *Biribi* qui
n'a aussi que 36 numéros pour les pontes et *quatre* zéro pour le banquier. Le banquier n'a pas de sac, ne
tire pas de numéro; il ne fait autre chose que de faire
rouler la boule, lever l'argent des couleurs et numéros, carrés etc. qui ont perdu et payer ceux qui ont
gagné. Ce jeu se fait avec une extrême rapidité, autre désavantage inappréciable pour les pontes.

Lors que la boule est tombée dans une case le banquier annonce la couleur et le numéro qui a gagné,

Ainsi on joue deux jeux à la fois, on peut ponter à l'un et à l'autre en même tems. C'est vraiment allumer la chandelle par les deux bouts pour consumer plus promtement la bourse du ponte. On joue sur ce nouveau tableau de *Biribi* en *Plein*, *à-cheval*, en *carré*, à la *colonne*, au *petit* ou au *grand côté*, à la *rouge* ou à la *noire* ainsi qu'à l'ancien Biribi, mais avec un désavantage beaucoup plus grand et une extrême rapidité.

Nous avons dit que l'ancien *Biribi* étoit un *Petit-fripon*; nous laissons au lecteur à juger l'épithète que le nouveau mérite.

Cependant on voit toujours une grande foule de pontes autour de ce double jeu, où l'on ne ponte que des espèces sonnantes de forte valeur.

Cela prouve la vérité de ce que nous avons dit ci-devant, que la passion pour les Jeux de Hasard s'accroit chaque jour. Plus une denrée trouve de consommateur, plus elle augmente de prix. Plus, aussi, le nombre des amateurs du jeu s'augmentent, plus ceux qui en tiennent augmentent leurs avantages et cherchent à les rendre plus rapides. Il est aisé de voir jusqu'à quel point ces désordres peuvent se porter, si les chefs des gouvernemens n'y prennent garde. Nous examinerons ce point ici après.

Nous n'avons rien à dire sur la manière de spéculer et de jouer à ce jeu; c'est à-peu-près la même chose qu'à l'ancienne *Roulette* et au vieux *Biribi*; mais nous le répétons, c'est avec extrêmement plus de désavantage: et c'est au point que nous n'osons qualifier, comme ils les méritent, ceux qui tiennent de tels jeux et ceux qui y jouent.

PHARAON.

PLANCHES No. 11, 12, 13 et 14.

LE PHARAON se joue avec un jeu de cartes complet de cinquante deux cartes. Le banquier seul mêle les cartes, un des pontes coupe. Voici comment les pontes font leur jeu.

A. Prend le 7, le 10, le *Roi*, et met un écu sur chacune de ces trois cartes.

B. Prend le 10 et la Dame, et met 2 écus sur le 10 et un écu sur la Dame.

Les pontes placent leurs cartes sur la table du jeu, la face en haut en évidence, et leur misé sur la carte ou en avant; le tout assez en avant sur la table pour que le ponte n'y puisse commettre de supercherie. Le jeu des pontes étant fait, le banquier dit *tout-va*; puis tire deux cartes l'une après l'autre hors du jeu entier qu'il tient; les faces en dessous, dans sa main gauche. La première carte que le banquier tire est pour lui, il la place sur la table; la seconde est pour les pontes et la place aussi sur la table près de l'autre toutes deux à face de couvertes; le banquier nomme à haute voix chaque carte qu'il tire. Le tirage de deux cartes forme une extraction.

Immédiatement après chaque extraction le banquier prend l'argent qui est sur la carte perdante du ponte ou des pontes perdans, si plusieurs ont cette même carte; alors le ponte qui a perdu doit retirer sa carte, cependant il peut la laisser en y remettant une autre mise, soit plus ou moins considérable que la première. Après avoir enlevé l'argent des cartes qui ont perdu, le banquier paye celles qui ont gagné en mettant dessus autant d'argent que le ponte en avoit mis. Ordinairement le ponte qui a gagné une carte et veut encore la jouer pour les extractions suivantes, au lieu de recevoir le payement de la carte qu'il a gagné y fait un pli de paroli, en pliant une corne de sa carte en dessus s'il veut jouer la mise et le gain; il fait un autre espèce de pli s'il ne veut jouer que son gain ou sa mise. Dans le premier cas, s'il gagne sa carte pour la seconde fois, le banquier lui donnera trois écus, s'il en a *un* de mise sur sa carte: dans le second cas le banquier ne lui donneroit que deux écus, si sa mise étoit d'un.

Lors qu'une extraction est de deux cartes semblables soit 7 et 7 ou 10 et 10 etc. la moitié de tout l'argent qui se trouve sur les 7 ou sur les 10 appartient au banquier; dans ce cas le ponte peut donner cette moitié et retirer l'autre avec sa carte; ou il peut donner la moitié et recharger l'autre d'autant qu'il le veut, jusqu'à la concurrence de la plus forte mise fixée par le banquier *d'entrée de jeu.*

Ordinairement le ponte qui voit sa carte tombée en *doublet* au lieu de donner la moitié de sa mise, plie la moitié de sa carte en dessous, cela veut dire qu'il joue la moitié qui lui appartient sur les extractions suivantes. Les personnes qui voient jouer ce jeu pour la première fois sont surprises de voir les diverses manières dont les pontes plient, replient, tournent et retournent les cartes qu'ils mettent au jeu: il faudroit un long discours pour les expliquer, et un plus long encore, pour déduire les motifs de ces *enfantillages pharaoniques;* qui ne sont nullement nécessaires, sont plus nuisibles qu'avantageux aux pontes, et souvent préjudiciables aux banquiers par les supercheries que tout cela favorise. Une banque loyale ne devroit jamais les souffrir, et un honnête homme qui

sonnoît bien ce jeu à fond ne pratiquera jamais ce papillotage puéril, honteux, sot et suspect.

Ce qu'il y a encore de remarquable à ce jeu, c'est
que personne n'en marque les tailles; presque tous les
pontes, n'y suivent que leurs caprices, n'ont aucun fondement raisonnable de leurs déterminations et s'abandonnent aveuglement à tous les caprices de la plus ca-
pricieuse des Déesses, la Fortune. Peut-il s'étonner
que presque tous les pontes finissent par perdre à ce
jeu et que beaucoup s'y ruinent? Quel contraste frappant entre les hommes qui jouent au *Pharaon* et les
Dames qui jouent au vieux *Biribi*.

Pour bien connoître ce jeu de Pharaon et y bien
jouer, il faut d'abord, en marquer ou faire marquer
les tailles comme on le voit sur les tableaux *C C,*
D D, E E.

EXPLICATION.

Sous le numéro I. est la première taille. On voit
à gauche les cartes qui ont perdu sous la lettre *P.* à
droite sous la lettre *G.* sont les cartes qui ont gagné:
plus à gauche et plus à droite, sous les lettres *N. N.*
qui signifient *nulles*, sont marquées les cartes venues
en *doublets* et qui constituent l'avantage du banquier.
I. signifie *As. V.* signifie *Valet. D.* signifie *Dame*
et *R. Roi:* les autres cartes sont indiquées par le
chiffre de leur empreinte.

Nous allons supposer le jeu de cette taille No. 1.
avec les mises de *A* et de *B.* supposées ici-dessus.

Cinq et *Valet.* — *Deux* et *neuf.* — *Cinq* et *six.*
— *As* et *Valet.* — *Deux* et *As.* — *Dame* et *Valet.*
Ici le ponte *B.* a perdu la Dame, nous supposons sa
carte retirée du jeu. — *Huit* et *sept.* Ici le ponte *A.*
a gagné le sept, nous le supposons aussi retiré du jeu.
— *As* et *Roi.* Ici le ponte *A.* a gagné le Roi; le
banquier lui donne un écu, le ponte laisse les deux
écus sur le Roi. — *Neuf* et *Neuf.* Ici c'est un doublet sans aucun effet pour *A* ni pour *B.* — *Dix* et
cinq. Ici *A* et *B.* perdent le Dix: *A* retire sa carte;
et *B.* laisse la sienne, c'est-à-dire le *Dix*, en y rd-

mettant deux autres écus : de plus il prend le *six* et y
met aussi deux écus. — *Roi* et *six*. Ici *A.* perd le *Roi*
et le retire. *B.* gagne le six, en reçoit le payement et laisse
les deux écus sur la même carte, le six ; ou sans en
recevoir le payement y fait une corne de Paroli. Remarquez qu'ici *B.* a gagné le six *sonica*, c'est-à-dire
qu'après avoir pris cette carte, elle a gagné aussi-
tôt par l'extraction immédiatement suivante. — *Neuf*
et *huit*. — *Huit* et *sept*. — *Valet* et *dix*. Ici *B.*
gagne le *Dix* et le laisse avec sa mise et son gain pour
la jouer en Paroli. — 4 et 7. — 5 et 8. — 2 et 6.
Ici *B.* gagne le *six* pour la seconde fois ; le banquier y
voyant 4 écus en paye 4 ; *B.* laisse les 8 écus sur le
six. — 2 et 3. — 3 et 4. — 4 et Dame. — *Dame* et
six. Ici le ponte *B.* gagne le *six* pour la troisième fois,
le banquier lui paye 8 écus et alors *B.* retire sa carte
avec les 16 écus qui sont dessus, donc il en a 14 de
bénéfice. Ayant gagné trois coups consécutifs cela
s'appelle gagner un *sept-le-va*. *B.* pouvoit laisser
le *Dix* avec les 16 écus pour la taille suivante, soit
pour gagner encore une fois, c'est-à-dire avoir 32
écus ; ou gagner encore deux fois et avoir 64 écus à
lever pour 2 qu'il avoit mis primitivement. Jouer de
la sorte, un grand nombre de coups de suite sans retirer son argent, pour voir les gains se doubler à chaque coup et parvenir, par cette cumulation, à lever
tout d'un coup une forte somme d'argent, s'appelle
jouer en *grand Paroli*.

Ainsi mettant un écu sur une carte si je la gagne
plusieurs fois de suite j'aurois dessus, au premier
coup 2 écus ; au second 4, au troisième 8, puis 16,
puis 32, — 64, — 128, — 256, — 512, — 1024,
— 2048, — 4096, etc. et ainsi toujours en doublant
jusqu'à ce que tout l'or et l'argent de la banque en
peut payer : lorsqu'il n'y en reste plus ou presque
plus, on dit que la banque est *sautée*. Cette manière
de jouer en *grand Paroli* est la manière favorite du
plus grand nombre des pontes qui cherchent ces grands
coups de fortune, qui sont pour eux ce que les gros
lots sont à la Lotterie ; nous ferons voir, ici après,

que cette manie de chercher les grandes séries est une des principales causes de la ruine des joueurs. Continuons la première taille — *Dame* et 10. Ici le ponte *B.* gagne le *dix*, le banquier met *quatre* écus sur sa carte, il en a huit, il les laisse encore. — *Roi* et *As.* — 3 et 4. — *Roi* et 3. — 7 et 10. Ici le ponte *B.* auroit du gagner le 10, mais étant la dernière carte de la taille elle ne se paye pas; le ponte retire le *Dix* avec les 8 écus qui sont dessus; il peut cependant laisser le tout pour la taille suivante.

Voyons présentement une autre manière de jouer au Pharaon, inverse de la précédente, jouée sur la seconde taille.

Je prends le *Valet* et mets un écu dessus: je prends ainsi le *5* et y mets aussi un écu.

8 et 7. — Valet et 9. Ici je perds le *Valet*: je mets *deux* écus dessus. — *Valet* et 4. je perds encore les 2 écus que j'ai mis sur le Valet; ainsi voilà trois écus perdus. Je mets *quatre* écus sur le *Valet*. — *Valet* et *Dame*: je perds les 4 écus; j'en mets *huit*: cela s'appelle martingaler. — 10 et *Dame*. — *As* et 5. — 3 et 4. — *Dame* et 5. — 7 et 9. — 6 et 10. — 6 et 8. — 9 et 10. — 8 et *As*. — *As* et 6. — 10 et *Dame*. — 8 et *Valet*. Ici je gagne le Valet; le banquier voyant 8 écus sur ma carte y met *huit* écus: ainsi j'en lève *seize*; mais je n'en ai qu'*un* de bénéfice puis que j'en ai déboursé *quinze*. Cette manière de jouer est très-mauvaise, lors qu'on la joue ainsi sans savoir quel degré de probabilité il y a qu'elle réussira.

Ce que nous venons de dire suffit pour faire connoître de quelle manière se joue le *Pharaon*.

Les personnes qui le verront jouer en apprendront plus, en une heure, sur cet article, que nous ne pourrions le faire dans dix pages d'écriture. Venons à la connoissance théorique et mathématique de ce jeu.

Il faut en voyant jouer le *Pharaon*, ou en le taillant soi-même; ou en le faisant tailler par quelcun en marquer les tailles ainsi qu'on en voit *huit* marquées sur les tableaux *C C, D D, E E.*

Cela est aisé au jeu du commencement de la taille, mais souvent difficile sur le fin, parce qu'alors il
n'y a plus, ou presque plus de mise au jeu; ce qui
fait que le banquier tire, alors, les cartes très-promptement, les nommant précipitamment et souvent mal.
La vue du ponte ou du spectateur est souvent trompée: on prend les *Rois* pour des *Valets*; des *Valets*
pour des *Rois*, ou des *Rois* pour des *Dames*.

L'ouï aussi est souvent trompé; la prononciation
de *Roi* et de *trois* est à peu-près semblable: il en est
de même de *six* et de *dix*. Beaucoup de banquiers allemands disent *sing* et *zig*. Quoi que la manière de
marquer les tailles du *Pharaon*, comme aux tableaux
C C. D D. E E, soit la plus facile et la plus prompte
à pratiquer au jeu; on ne peut le faire exactement
qu'après s'y être exercé quelque tems et en le faisant avec une extrême attention.

À la fin de chaque séance on marque ces mêmes
tailles géométriquement comme on le voit à la Planche XI. Il y a 13 colonnes verticales pour les 13 cartes; la première est pour l'*As*; la seconde pour les
Deux, la treizième pour les *Rois*.

Chaque taille se marque dans un espace de quatre lignes de hauteur, qui ici sont ponctuées, et doivent être tracées au crayon sur la feuille du ponte,
ou de l'observateur, ou sur celle du spéculateur.

Je me suppose dans mon cabinet, au retour de la
séance du *Pharaon*, avec les huit tailles que j'y ai
marquées comme aux tableaux *C C. D D. E E*, et je
vais tracer géométriquement (dans mon cabinet) le
commencement de la première taille pour donner un
exemple de la manière de faire ce tracé. Voyez le tableau *C C* et la planche 11:

 — *Cinq* perd et *Valet* gagne. Je trace un trait
noir à gauche, sur la première ligne ponctuée, à la
colonne du *cinq* et je fais un rond rouge, à droite,
aussi sur la première ligne ponctuée, à la colonne du
Valet.

 — 2 perd et 9 gagne. Je fais un trait noir
sur la première ligne à la colonne du *deux* et un rond

rouge aussi sur la première ligne de la colonne du *neuf*.

* — 5 perd et 6 gagne. Je fais un trait noir sur la seconde ligne ponctuée à la colonne du *cinq*; et je fais un rond rouge sur la première ligne ponctuée de la colonne du *six*.

** — Je continue à marquer toutes les cartes de la taille, les perdantes à gauche et toujours en noir, et les gagnantes toujours à droite et en rouge. La première fois qu'une carte gagne ou perd on la marque sur la première ligne ponctuée (de 1 à 1 Planche 11). La seconde fois qu'une carte est tirée par le banquier, soit en perte ou en gain, on la marque sur la deuxième ligne ponctuée 2....2.

La troisième fois qu'une carte quelconque vient en gain ou en perte on la marque, à sa colonne, sur la troisième ligne ponctuée 3....3. Lors qu'une carte est tirée par le banquier pour la quatrième fois, c'est-à-dire lors que le quatrième *As* ou le quatrième *deux* vient en gain ou en perte on le marque en rouge ou en noir, à sa colonne, sur la quatrième ligne ponctuée 4.....4.

Cette distinction de cartes venues en première ou seconde ligne, à la troisième ou à la quatrième, est d'une nécessité absolue pour connoître à fond et parfaitement le jeu de Pharaon et y jouer avec *assurance de gain*. On en verra la démonstration ici après.

On voit à la taille I. du tableau *CC.* que le 9 a gagné à la seconde extraction: et qu'à la neuvième il est venu en doublet. On voit à la colonne du *neuf* comment le *doublet* se marque. Le neuf ayant d'abord gagné a été marqué en rouge sur la première ligne 1.....1. puis venant en doublet, je fais un gros point noir à gauche sur la ligne 2....2. et de ce point je tire une ligne oblique, noire et fine, de gauche à la seconde ligne, à droite jusqu'à la troisième ligne. Ce gros point noir indique que le *neuf* qui est venu en perte n'a perdu que la moitié de la mise qui étoit sur cette carte: et la nullité de marque sur la troisième ligne ponctuée, (au bas bout de la ligne oblique) fait voir que le troisième *neuf*, qui sans le doublet auroit gagné, n'a pas gagné, et n'a pas perdu non plus. Remarquez bien l'effet du *doublet*. J'aurois dû perdre 2 écus (supposant cette somme mise également à tous les coups) sur le *deuxième* 9 arrivé et gagner deux écus sur le *troisième* 9; ainsi je n'aurois ni perdu ni gagné *par ces deux coups*. Donc une carte qui vient en doublet ne devroit ni perdre ni gagner et l'extraction ** qui la produit être considérée comme nulle. „Mais remarquez bien, encore une fois, le double effet du doublet: d'abord il me fait du bien (en ne me faisant perdre qu'*un* écu au lieu de *deux*) et puis du mal (en me privant de *deux* écus que j'aurois gagné si cette carte n'étoit pas venue en doublet). C'est donc la privation du payement de la seconde carte qui m'est préjudiciable. Le doublet m'est avantageux sur la première carte et il est avantageux au banquier sur la seconde; mais l'avantage de celui-ci *** est double du mien.“ *Notez bien* cette remarque, car je devrai vous y renvoyer ici après pour une circonstance importante.

Achevant de marquer la première taille on voit que les deux dernières cartes ont été le 7 et le 10: le 7 qui vient en perte se paye, mais le 10 qui vient en gain ne se paye pas; parce, dit le banquier, qu'elle est connue ou peut l'être, et que si elle comptoit pour gagnante, on pourroit en un seul *coup sûr*, lui gagner tout l'argent qu'il a sur sa banque, c'est-à-dire sur sa table de jeu.

Cela est vrai; mais si le banquier ne peut payer la dernière carte gagnante, il ne devroit pas se faire payer l'avant-dernière carte venue en perte: il y a donc ici une iniquité manifeste.

Si avant qu'on eut commencé la première taille (tableau *CC*) j'avois pris les treize cartes, que j'eus mis *deux* écus sur chaque, que je les eus joué quatre fois chaque, c'est-à-dire tous les coups de la taille, j'aurois dû perdre 26 fois 2 écus et gagner 26 fois 2 écus; donc je n'aurois dû ni perdre ni gagner. Or on voit, par cette première taille, que j'aurois perdu 25 cartes à 2 écus et une (le deuxième neuf) à un écu faisant 51 écus de perte: et que je n'aurois gagné que 24 cartes à 2 écus, faisant 48 écus de gain donc j'aurois perdu 3 écus sur 52 que j'aurois mis sur les 13 cartes. Ainsi, on voit qu'au *Pharaon* joué à toutes cartes l'avantage du banquier est, d'après ce calcul, de *six* pour cent de tout l'argent que les pontes font passer sur sa table. Mais l'avantage du banquier sera trouvé encore plus haut, lors qu'on considérera qu'il n'y a qu'un seul *doublet* à cette première taille: et que l'expérience de plusieurs centaines de mille tailles a prouvé que sur *quatre mille* tailles il y a environ *sept mille doublets*. Ainsi l'avantage réel du banquier de *Pharaon* est d'environ *sept et demi* pour cent; savoir *trois et demi* par les doublets et *quatre* par les dernières cartes.

Les banquiers auront beau dire, que peu de pontes jouent jusqu'à la fin de la taille, crainte de tomber à la dernière carte, et que conséquemment, le bénéfice attribué à cette dernière carte n'est pas aussi considérable qu'on le dit ici. Nous allons démontrer qu'au contraire, son bénéfice de la dernière carte lui procure beaucoup plus de *quatre* pour cent.

Toutes les personnes qui ont vu jouer au *Pharaon* savent que presque tous les pontes ont la manie de jouer constamment à la gagnante, pour trouver des séries: que les pontes les plus modérés, sur cet article, ne cherchent pas moins que des *sept-le-va*: c'est-à-dire des cartes qui gagnent quatre fois de suite, pour qu'après la première fois qu'une carte a gagné, la prenant et mettant un écu dessus, on en ait 2 la seconde fois qu'elle gagnera; 4 la troisième fois et 8 la quatrième fois qu'elle gagnera: de sorte qu'on lève *huit* écus pour *un* qu'on a mis et qu'on en ait *sept* de bénéfice. Voilà ce que les joueurs appellent risquer peu pour gagner beaucoup: nous ferons voir ici après combien ils se trompent. Revenons à l'avantage du banquier.

On voit à la troisième taille du tableau *CC* et de la Planche 14 que le 8 a gagné la première fois que le banquier l'a tiré; je le prends et mets *un écu* dessus. Je gagne la seconde fois qu'il vient; j'ai 2 écus sur ma carte: je les laisse en *Paroli*. Je gagne le 8 la troisième fois qu'il est tiré; j'ai 4 écus sur ma carte: je les laisse encore en *Paroli*.

Le quatrième 8 que le banquier tire vient en gain; il devroit donc mettre encore 4 écus sur ma carte et je devrois en lever 8. Point du tout. Ce quatrième 8 étant venu en dernière carte le banquier ne me la paye pas: ainsi cette dernière carte me fait perdre 4 écus. Au lieu d'en gagner 7 je n'en gagne que 3. Mais enfin, dira-t-on, vous gagnez, vous avez tort de vous plaindre. Erreur: j'ai droit de me plaindre parce que je ne gagne pas, et qu'avec ce gain de trois écus je suis réellement en perte de 4.

En voici la preuve.

Les produits des séries, au *Pharaon*, ainsi qu'à tous les autres jeux, finalement, ne s'élèvent pas plus haut, que la dépense qu'on a faite pour les obtenir, à un jeu parfait. Mais à un jeu *vicié* on ne récouvre jamais la dépense qu'on a faite pour obtenir les séries. Mais supposons ici que le *Pharaon* est un jeu parfait, où la somme déboursée et celle gagnée se trouvent finalement égales (abstraction faite de l'avantage du banquier qui doit être examiné à part).

On voit sur la Planche 12, qu'une carte quelconque soit *l'As* ou le *10*, ou le valet, etc. ne peut, dans une taille, arriver que d'une des *seize* manières là numérotées. *L'As* gagnera 4 fois de suite, comme au No. 16; on perdra 4 fois de suite, comme au No. 15. On gagnera trois fois, puis perdra une fois, comme au No. 14: on perdra trois fois, puis gagnera une fois comme au No. 13 etc. etc. Or on voit qu'entre ces 16 manières il y en a 8 où la carte auroit commencé par perdre et 8 autres où elle auroit commencé par gagner.

Dans ces huit derniers cas, j'aurois pris la carte gagnante et mis un écu dessus, dans l'espoir que la carte gagneroit quatre fois de suite, je leverois *huit* écus pour *un* que j'aurois mis. On voit que *sept* fois mon espérance seroit trompée, que je perdrois les *sept* écus que j'aurois risqués en détail; et que ce ne seroit qu'au huitième écu que je risquerois, au No. 16, que la carte, gagnante quatre fois de suite me feroit lever 8 écus: je ne leverois donc que les *sept* écus précédemment perdus et le huitième mis sur le peloton 16 qui m'a fait gagner; mais seulement gagner ce que j'avois perdu. Que ce gain de *quatre* consécutifs arrive la huitième fois que je le cherche ou la première ou la quatrième, cela est égal dans le calcul du jeu. Il faut (dans un jeu parfait) jouer *huit cents* fois de la sorte à la gagnante, pour trouver cents fois une série de quatre coups, comme celle du No. 16.

Ainsi il faut finalement avoir perdu *sept cents* écus en *sept cents* coups; pour gagner *sept cents* écus en cents coups.

Que des *cents* coups de gain, plusieurs soient venus d'abord, et aient mis le ponte en avance: que plusieurs de ces coups de gains soient venus, pour ainsi-dire, coups sur coups, cela ne fait rien au calcul général: qu'on commence par perdre, puis qu'on gagne: ou qu'on commence par gagner, puis par perdre, tout cela, finalement, revient au même; par la continuité du jeu. Ainsi il ne faut pas croire qu'un ponte a gagné *sept* écus, parce qu'il en léve *huit* sur une carte où il n'en avoit mis qu'un, il faut savoir ce qu'il a perdu avant de trouver ce coup de quatre, et ce qu'il perdra avant d'en trouver un autre. Il ne faut pas dire qu'un joueur est heureux parce qu'on lui voit lever 1024 écus pour un écu qu'on lui a vu mettre au jeu. Il faudroit voir l'état de ses pertes et de ses gains dans l'espace du tems qu'il a joué, soit de trois mois, ou d'un an, etc.

Le désavantage de la dernière carte atteint aussi les pontes qui ne jouent que sur les trois premières cartes, et même sur ceux qui ne jouent que sur les *deux* premiers *As* ou les deux premiers *cinq*, etc. tirés par le banquier.

On en voit deux exemples à la Planche 11. sur la colonne du 5 à la cinquième taille et à la septième.

À la cinquième taille, le premier 5 perd. Je veux jouer contre la perdante, soit à masses égales ou en martingale. Je mets deux écus sur le 5. Le 5 vient en *doublet*, je donne un écu au banquier et je laisse l'autre sur le 5. Le quatrième 5 tombe à la dernière carte, je ne suis pas payé: donc je perds un écu. Si ce quatrième 5 n'avoit pas été la dernière carte, le banquier m'auroit donné un écu. J'aurois regagné l'écu perdu par le doublet; je ne serois ni en gain ni en perte: par la dernière carte je perds un écu.

Si après le doublet j'avois plié ma carte, ainsi que le font les Papilloteurs pharaoniques; ne pouvant la retirer après le quatrième cinq, j'aurois dû la laisser pour la taille suivante; alors le 5 ayant commencé par perdre, j'aurois perdu tout mon argent au lieu de n'en perdre que la moitié. Le même désavantage me seroit arrivé d'une manière inverse à la septième taille; aussi sur le 5. Là il commence par gagner; je prends le 5 pour le jouer à la gagnante, soit en paroli simple, ou en série. J'y place *deux* écus: j'éprouve le même sort qu'à la cinquième taille.

Ainsi l'on voit que le désavantage de la dernière carte étend ses funestes effets sur toute l'économie du jeu en général; soit qu'on joue toute la taille, ou qu'on n'en joue que le commencement, soit qu'on joue à la gagnante ou à la perdante, soit à masses égales, soit en martingale ou en paroli; il faut, après avoir été *écorché* par le doublet, être *estropié* par la dernière carte!!

On en voit encore un exemple à la troisième taille où le 8 a gagné cinq fois. Si d'entrée de jeu j'avois mis un écu sur le 8, à la cinquième fois qu'il a gagné (car les pontes suivent les séries à *toutes tailles* et doivent le faire pour trouver des séries de 5, de 6, de 7, de 8, même de 10 ou de 12; car c'est sur elles que le plus grand nombre des

joueurs cherchent la Fortune) à la cinquième fois, dis-
je, que le 8 a gagné j'aurois dû lever 32 écus, mais
je n'en lève que 16, parce que le quatrième 8 est venu en dernière carte, et a estropié la série; et remarquez que c'est presque toujours sur la fin des martingales et des grands parolis, et conséquemment lors
que les pontes ont les plus fortes sommes au jeu, que
la dernière carte de la taille vient les priver de la
moitié de leur argent.   Ce désavantage exorbitant (qui
n'existe pas aux autres jeux) suffiroit seul pour opérer
la ruine des personnes qui jouent souvent au *Pharaon*.

Ainsi loin d'avoir estimé trop haut le bénéfice de
la dernière carte en l'estimant à 4 pour 100; nous
croyons qu'on pourroit, avec justice, l'évaluer à 8
pour cent: et si l'on considère que les effets des doublets sont aussi très-funestes aux martingales qu'ils
font sauter et aux grandes séries dont ils diminuent
la moitié des produits, on peut dire que l'avantage
du banquier de *Pharaon* est de plus de 12 pour 100,
de tout l'argent que les pontes font passer sur sa table
de jeu.

On voit que le jeu de *Pharaon* est le double plus
désavantageux que le *Biribi*.   *Trois fois* plus désavantageux que le *Roulette* et *Quatre fois* plus désavantageux que le *Trente-et-Quarante*.

Ce n'est pas tout. Non, ce n'est là que la moitié
de ses désavantages. *Les vices secrets* de ce jeu, que
nous ferons connoître, produisent encore plus de bénéfices aux banquiers et sont la principale cause de
la ruine des pontes.

On voit, par la planche 11 qu'en huit tailles il
y a eu onze *doublets:* et 8 *dernières cartes*, marquées
par des croix noires en forme d'†.

Avant de faire les remarques ultérieures sur la
Planche XI. nous devons achever l'article des avantages du banquier par les *doublets* et les dernières cartes. Les *doublets* est son artillerie, avec laquelle il
foudroit les pontes. Les dernières cartes composent
sa réserve qui renverse et écrase les pontes combattans qui n'ont pas été terrassés par l'artillerie. Enfin

les *vices secrets* de ce jeu, inconus aux joueurs, sont autant de mines et de fougasses qui les font sauter et périr. On voit que le jeu de Pharaon est l'image la plus complette, la plus vraie d'une terrible bataille entre une grande armée formidable et quelques soldats sans talens militaires et, pour ainsi dire, sans armes. Voyez le problème de bataille entre une armée de cent mille hommes d'infanterie avec une nombreuse artillerie d'une part, et mille hommes d'infanterie, sans artillerie et sans officiers d'autre part: relisez le, et mettez la Planche 1. près de celle 11, vous y verrez les mêmes ordres de bataille et vous en allez voir les mêmes opérations.

Pour être victorieux au *Pharaon*, il faut d'abord trouver une manière de jouer qui prive entièrement le banquier des avantages exorbitans qu'il tire de ses doublets et de ses dernières cartes: il faut de plus que par cette manière de jouer le ponte fasse que les doublets lui soient avantageux et deviennent désavantageux pour le banquier. Cela s'appelle prendre toute l'artillerie de l'ennemi et la faire jouer contre lui même, c'est-à-dire le battre avec ses propres armes.

Cette opération ne sera ni longue ni difficile. Nous allons y procéder d'après le Plan de la Planche 12:

Si le lecteur veut se donner la peine de faire voir cette Planche 12. à quelques centaines de vieux banquiers et de *pontes joueurs consommés*, nous sommes sûrs qu'il y en aura très-peu qui, à la simple vue, comprendront ce que cela signifie, et le lecteur sera convaincu que la plupart de ces Messieurs ne connoissent pas bien le jeu où journellement ils exposent leur fortune [30]).

---

[30] Monsieur Huyn, auteur de la *Théorie des Jeux de hasard* m'a souvent assuré qu'il ne croyoit pas qu'on puisse jamais trouver une manière de jouer qui puisse contrebalancer l'avantage du banquier. Il avoit outre la théorie, une longue expérience du jeu. Il avoit été banquier

Les *seize* manières dont les quatre *As* ou les quatre *Deux*, etc. puissent arriver, marquées sur la Planche 12. sont répétées en dessous de *F* à *F*, nous y avons marqué les *douze* manières dont les doublets peuvent arriver. Il y en a *quatre* de première en seconde lignes: on les voit aux No. 1, 3, 7 et 11.

On en voit *quatre* de seconde en troisième ligne, elles sont aux No. 2, 4, 5 et 9.

Les *quatre* autres, de troisième en quatrième ligne, se voyent aux No. 1, 6, 8 et 13.

Les Numéros 10, 12, 14, 15 et 16 ne peuvent en avoir.

En supposant ces 64 marques autant de cartes, les ronds rouges, qui sont entièrement ronds, représentent les cartes gagnantes, de deux écus chaque.

Les noirs entièrement ronds représentent les cartes perdantes entièrement, de deux écus chaque; les noirs formés d'un demi rond avec une queue courbe réprésentent les cartes perdantes par le doublet, ces cartes chargées de deux écus chaque, n'en perdent qu'un chacune; mais les secondes cartes de ces doublets ne gagnant pas, elles ne peuvent être marquées en rouge au bout de la queue noire; leurs places restent vides, c'est-à-dire en blanc.

Présentement comptons les gains et les pertes de ces 64 cartes. 20 rouges entiers à 2 écus produisent 40 écus. 20 noirs entiers, perdant 2 écus chaque, fait une perte de 40 écus. De plus 12 demi-noirs perdant un écu chaque, fait encore 12 écus de perte. Ainsi la perte surpasse le gain de 12 écus.

Il faut trouver un moyen d'avoir ici plus de gain que de perte; pour cet effet, je vais rompre les 16 pelotons et les ranger en lignes de diverses manières.

Je place, séparément, la première ligne 1...1 en *G G.* je place, aussi séparément, la seconde ligne 2....2 de *H* en *H.* Je place en suite la première et la seconde ligne ensemble; 1....1, 2...2 de *I* à *I.* Je place après cela la première, la deuxième et la troisième lignes ensemble; 1...1, 2...2, 3....3 de *K* en *K.*

Finalement je place la deuxième et la troisième ligne; 2...2, 3...3, de *L* à *L.*

G. — Je parcours la première ligne de *G* à *G.* je lève 8 rouges à 2 écus fait 16 écus. Je perds 4 noirs entiers à 2 écus et 4 demis à un écu: faisant 12 écus de perte,

* — ici je gagne 4 écus sur le banquier.

H. — Je parcours la seconde ligne de 2 à 2, *H* à *H.* je lève 4 rouges à 2 écus fait 8 écus. Je perds 4 noirs entiers à 2 écus et 4 demis à un écu faisant 12 écus.

** — ici je perds 4 écus. Le banquier les gagne.

I. — Je parcours la première et la seconde ligne de *I* à *I.* Je lève 12 rouges à 2 écus, fait 24 écus. Je perds 8 noirs entiers à 2 écus et 8 demis à un écu fait 24 écus.

*** — ici je ne perds pas et ne gagne pas; ni le banquier non plus, le jeu est égal entre nous.

K. — Je parcours les lignes 1, 2 et 3 rangées ensemblet, de *K* en *K.* Je lève 16 rouges à 2 écus; fait 32 écus. Je perds 12 noirs entiers à 2 écus et 12 demis à un écu faisant 36 écus.

**** — ici je perds 4 écus, le banquier les gagne.

Remarquez que la troisième ligne est de même gain, et de même perte que la seconde.

Remarquez aussi que si je ne joue qu'en première et seconde ligne, le banquier n'a plus d'avantage sur moi, ni moi sur lui; nous combattrons à armes égales. C'est comme si je lui avois pris tous ses canons et que je les eus encloués: pourvu cependant que je ne lasse pas de *plié.* Car ce papillotage enfantin décloueroit une partie de ses canons, qu'il reprendroit et avec lesquels il me foudroiroit. J'aurois donc soin d'avoir des masses divisibles sur mes cartes pour lui en donner la moitié, lors qu'un doublet me passera près des oreilles; il sera obligé de me rendre la pareille.

Mais ce qui est le plus remarquable, c'est que si je ne joue qu'en première ligne, non seulement le banquier n'a plus d'avantage sur moi, mais j'en ai un sur lui, tous les doublets qui viendront seront à mon profit et à son préjudice. De la sorte je prends tous ses canons, j'en encloue les deux tiers, et avec l'autre tiers je le foudroie, je le bats avec ses propres armes! Allons! .... Doucement, ... tout doucement, prenons garde aux mines et aux fougasses. Avant d'aller en avant il faut explorer le terrain, le sonder, découvrir où sont les mines, les éventer, en faire jouer même une partie contre l'ennémi, qui prétend nous faire sauter, nous détruire.

Nous allons procéder à cette opération, en priant le lecteur de nous suivre avec attention et patience.

Voyez les Planches 11 et 12.

* — RECONNOISSANCE OU DÉCOUVERTE.

Nous avons dit qu'à un jeu parfait, chacune des 16 manières, dont quatre coups ou quatre cartes peuvent arriver, doivent à la longue se réproduire aussi souvent l'une que l'autre; que de tems en tems elles doivent se trouver dans leur nombre proportionnel. Or cette perfection, n'existe pas au *Pharaon*; c'est un jeu *vicié*. Cela a été prouvé par de nombreuses et longues expériences. Nous allons donner le rélevé d'une collection de 64,000 tailles faites consécutivement, avec le plus grand soin, et marquées exactement avec la plus grande attention.

Dans ces 64,000 tailles chacune des ces *seize ma-*
nières de la Planche 12 auroit dû se trouver
52,000 fois.

Celle du No. 16. s'est trouvé - - - 36,641 fois.
No. 15 - - - - - - - 41,195 fois.

Ainsi ces deux numéros ensemble, qui
auroient dû se trouver 104,000
fois; ne se sont trouvés que 77,836
fois. Donc il y en a 26,164 de peu

Le No. 1. s'est trouvé - - - - 60,249 fois.
No. 2. - - - - - - - 57,411 fois.
Ces deux ensemble, - - - - 117,660 fois.
dono il y en a eu 13,660 de trop.
Différence entre 1, 2, et 15, 16, — 39,824.

Nous avons compté les dernières cartes comme
gagnantes, ainsi que les premières des doublets comme entièrement perdantes et les secondes comme gagnantes.

Selon la proportion du jeu, s'il étoit parfait, en
160 tailles chaque carte devroit avoir *dix* fois une
série de 4 gagnantes; en 640 tailles 40 séries chaque;
et conséquemment en 64,000 tailles chaque carte doit
avoir 4,000 séries de quatre gagnes consécutives.
Ainsi pour les treize cartes 52,000 séries, gagnantes.

De ces 52,000 séries il doit s'en trouver 4,000
estropiées ou racourcies par les dernières cartes. Or
dans les 64,000 tailles nous en avons trouvé 3,072
qu'il faut retrancher hors des 36,641 séries gagnantes
comptées toutes comme complettes; donc le nombre
de celles qui le sont *réellement* n'est que de 33,571
au lieu de 52,000 qu'il devroit y avoir; donc il y en
a eu 16,429 de peu; c'est environ un tiers de moins
qu'il devroit y avoir.

On voit ici pourquoi les pontes qui jouent à la
gagnante à tout-coup au *Pharaon* et y cherchent des
séries s'y ruinent presque tous. On voit qu'un ponte
qui a déboursé 900 écus; écu par écu, les uns après
les autres, pour trouver des séries; après les avoir

trouvé toutes, sans en avoir manqué une, se trouve cependant en perte de 300 écus.

Il paroîtra d'abord que puisque les séries d'intermittentes No. 1 et 2 sont plus fréquentes que celles de consécutives 15 et 16; et que les premières, surpassant leurs proportions, se trouvent toujours surabondantes, il devroit y avoir un avantage à jouer en sens contraire de la plupart des pontes: c'est ce que nous examinerons.

Voyons la Planche 11. On y voit 96 chances de quatre cartes de même point. Des ces 96 chances on en voit *cinq* comme le No. 16. de la Planche 12, où l'on voit que la même carte a gagné quatre fois de suite; et qu'il y a eu *trois* chances comme le No. 15. où la même carte a perdu quatre fois. Cela se voit marqué sur le tableau *BB.* à droite, et l'on voit à l'extrémité gauche que la chance 1, de quatre intermittentes est arrivée *treize* fois, et que celle 2 qui est aussi de *quatre* intermittentes est arrivée *cinq* fois: qu'ainsi ces deux chances 1 et 2 sont arrivées 18 fois; tandis que celles 15 et 16 ne sont arrivées que 8 fois. Différence entre elles de *dix.*

Dans la proportion du jeu, chacune des 16 chances devroit se produire *six fois* ½ en 8 tailles, et *treize* fois en 16 tailles que conséquemment les 2 chances 15, 16, ensembles auroient dû se trouver 13 fois, ne s'étant produit que 8 fois, c'est *cinq* fois de peu: et que les chances 1 et 2, ensembles qui ne devoient arriver que 13 fois s'étant produit 18 fois; c'est *cinq* fois de trop.

Le nombre des douze autres chances arrivées en huit tailles se voit en *A, B, O.*

Examinons présentement l'état général des huit tailles.

Dans la proportion du jeu il devroit se trouver dans les quatre-cens-seize cartes, 208 perdantes et 208 gagnantes.

Strictement les unes et les autres sont arrivées ainsi; mais il y a des déductions à faire par l'avantage du banquier.

1) Il y a *onze* doublets qui m'ont frustré de onze coups gagnans.

2) Huit dernières cartes gagnantes dont je suis aussi frustré.

Aussi le nombre des cartes gagnántes, pour moi, se trouvent réduites à 189. De l'autre côté il y a onze perdantes venues en doublet, qui réduit le nombre des perdantes à 202$\frac{1}{2}$.

Ainsi jouant à toutes cartes à tous coups, à mises égales sans parolia ni martingales, en huit tailles (qu'on fait ordinairement en deux heures de tems), j'aurois perdu treize écus et demi sur deux cens et huit de joués; cela fait une perte de 6$\frac{1}{2}$ pour cent de mon argent pour deux heures de jeu. Ainsi toutes les personnes qui jouent habituellement au Pharaon, de la maniére la moins désavantageuse perdent 3$\frac{1}{4}$ pour 100 de leur argent par heure. Ainsi on voit qu'au jeu de Pharaon, sans souffrir la moindre infortune on perd, *en une heure de tems*, les intérêts *annuels* d'un capital placé sur un bon hypothèque.

Selon la proportion du jeu les 208 cartes perdantes doivent produire 13 séries portant 65 cartes; 13 coups de trois portant 39 cartes; 26 coups de deux portant 52 cartes; et 52 cartes seules, c'est-à-dire intermittentes. Total 208. La même chose doit se trouver dans les cartes gagnantes, abstraction faite des avantages du banquier, qui doit être considérée à part. Examinons ici l'état général des chances produites par les huit tailles de la Planche 11, à toutes lignes, à toutes cartes, à toutes tailles. Voyez le tableau *BB*.

Il devroit y avoir aux perdantes 52 intermittentes, il y en a 63, fait 11 de trop; 26 coups de *deux*, il y en a 28, fait 2 de trop; 13 coups de *trois*, il y en a 15, fait 2 de trop; 13 *séries*, il n'y en a que 8, fait cinq de peu.

Aux gagnantes, il doit y avoir le même nombre des chances; on voit qu'il y a eu 3 intermittentes de trop; 8 coups de deux de trop; un coup de *trois* de peu; et 4 séries de peu.

En général il devroit y avoir tant à la perdante qu'à la gagnante,

104 *intermittentes*: il y en a 120: donc 16 de trop:
52 coups de *deux*: il y en a 62: donc 10 de trop.
26 coups de *trois*: il y en a 27: donc 1 de trop.
26 *séries* — il y en a 17: donc 9 de *peu*.

On voit en outre que le nombre des chances au dessus de celles arrivées dans la classe inférieure, sont toutes plus basses: elles devroient être égales.

On voit au bas du tableau *B B*. qu'à la perdante il y a eu 85 parolis réussis et 101 manqués: qu'à la gagnante il y a eu 91 parolis réussis et 109 manqués donc 18 en arrière.

À l'une et à l'autre, ensemble 176 parolis réussis, et 210 parolis manqués.

Donc les parolis sont ici en arrière de 34.

Un exemple aussi court que celui de huit tailles ne doit pas servir d'autorité absolue: et quoi que nous assurons ici au public que des expériences longues, nombreuses et réitérées d'années en années nous ont prouvé la surabondance des *intermittentes* et des coups de *deux*; ainsi que l'insuffisance extrême des *séries*: nous ne demandons point qu'on nous croit bonnement; mais nous sollicitons fortement les personnes qui veulent connoître le *Jeu de Pharaon*, avant d'y exposer leur argent et même leur honneur [31]), de se convaincre par leurs propres expériences de la véritable nature de ce jeu. Cela ne sera ni long ni difficile.

---

[31]) On voit tous les jours des fabricans, des négocians sages, laborieux, rangés, économes, parfaitement honnêtes hommes, réduits à des faillites par le défaut de payement de ce qui leur est dû. Ces hommes victimes des torts qu'on a envers eux, même des friponneries qu'on leur a faites, sont déshonorés dans l'opinion publique. C'est donc avec raison et justice que ceux qui perdent leur bien aux jeux, sont déshonorés et couverts d'un mépris général; parce que cette perte est uniquement de leur fait, le fruit de leur ignorance, de leur inconduite.

K

Il ne s'agit que de prendre trois ou quatre jeux de cartes, de les bien mêler séparément et de faire, ou faire-faire un grand nombre de *tailles* et de les marquer comme à la Planche 11. Je dis qu'il faut faire un grand nombre de tailles: il faut de plus les classer par 16, 32, 48, 64, 80, 96, 112, 128 etc. Le nombre de 128 ne suffit pas: il en faut au moins 1024. Cela peut se faire en 256 heures: en s'y occupant 10 heures chaque jour, on en viendra à bout en moins d'un mois. C'est un travail sans doute, mais quand on veut exposer sa fortune et son honneur; doit-on le faire sans savoir ce que l'on fait?

Puisqu'il y a un grand désavantage à jouer à la gagnante, voyons si on peut trouver de l'avantage à jouer contre la perdante.

Je commencerai par faire usage de treize martingales de six coups chaque, que je ferois marcher ensemble sur les treize colonnes de la Planche 13. Chaque martingale sera de 1, 2, 4, 8, 16 et 32 faisant 63 mises, que je suppose d'un écu chaque: cela formera une somme de huit cens et dix-neuf écus (819). Voilà le plus haut jeu, la plus haute projection dont on puisse se servir sur les treize cartes à la fois et jouant à toutes cartes. Je ne parle pas ici de la difficulté, de l'extrême embarras, de l'excessive attention qu'exige la pratique d'une telle opération; cela est inexprimable. Qu'on se représente un ponte assis à une table de Pharaon, ayant un grand nombre de cartes au jeu: toujours des mises différentes sur chaque; ayant devant lui ses 819 écus en 78 sommes différentes, rangées sur 13 colonnes, chacune d'une profondeur de six sommes différentes et toujours maintenues dans leur proportion exacte, malgré leur mouvement rapide et continuel; le soin de les avancer en ordre; de retirer celles qui se seront accumulées par les coups de la martingale, et de les diviser selon l'ordre de la projection, et de les replacer dans les rangs de leur colonne; enfin de remplacer entièrement (par sa réserve) celles qui viendront à santer.

Que le joueur le plus profondément instruit de ce *Jeu de Pharaon*, le plus expérimenté, le plus exercé, et le plus consommé dans la pratique, éprouve de faire cela avec des jetons par pur amusement et par exercice: il conviendra que ce n'est pas là un jeu amusant; mais le plus difficile et le plus pénible travail. Voyons présentement le salaire qu'il en tirera.

J'ai remarqué sur la Planche 13 les huit tailles de la Planche 11. mais en y supprimant les quatrièmes lignes pour me préserver du désavantage des derniè. res cartes.

On voit sur le tableau *FF.* (étant tourné), mes 13 martingales rangées en batailles sur 13 colonnes, au bas du tableau. En première ligne on voit 13 masses d'un écu; en seconde 13 masses de *deux* écus; en troisième 13 de *quatre*; en *quatrième* ligne 13 masses de *huit* écus; en cinquième, 13 masses de *seize* écus et en sixième ligne on voit 13 masses de 32 écus. Cela forme un total général de 819 écus, dont 13 à la première ligne; 26 à la seconde; 52 à la troisième; 104 à la quatrième; 208 à la cinquième; et 416 à la sixième,

il y a à la première et deuxième 39 écus *A.*
à la 1re, 2me, 3me 91 écus. *B.*
à la 1re, 2me, 3me et 4me 195 écus. *C.*
à la 1re, 2me, 3me, 4me et 5me 403 écus *D.*
aux six lignes 819 écus *E.*

Enfin on voit 63 écus à chacune des 13 colonnes.

On voit que cet ordre de bataille est de la nature de *l'ordre profond.* Voici de quelle manière j'attaquerai.

Planche 13. et tableau *FF.* L'*As* perd; je mets un écu sur l'*As*, le second *As* gagne; je gagne un écu; je retire ma carte et les deux écus qui sont dessus. J'attends la taille suivante pour jouer sur l'*As*, si l'*As* commence par perdre, ou si au troisième coup, de la présente taille, l'As est venu en intermittente.

Le *deux* perd; je mets un écu sur le *deux*, je perds; j'en mets deux, je perds encore; j'attends la taille suivante.

Le *trois* gagne; je ne joue pas.

Le *quatre* perd; je mets un écu sur le *quatre*; je gagne.

Le *cinq* perd; j'y mets un écu, je perds; j'en mets deux, je perds; j'en mets quatre, je gagne.

Je continue de la sorte toute la taille, en prenant la carte, qui, étant tirée pour la première fois vient en perte. Lorsque la première fois qu'on tire une carte (dans la première taille) elle vient en gain, je ne la joue pas.

On voit que de la sorte, dans la première taille l'*As*, le 4, le 5, le 8, le 10 et la Dame m'ont procuré chaque une masse ou écu de gain: et que le deux m'en a fait perdre trois; donc j'ai gagné 2 écus sur la première taille. Je continue toutes les tailles suivantes: mais sans me régler sur la première carte, de chaque espèce, qu'il tire en gain: je ne fais plus attention aux tailles, que pour en marquer les trois premières lignes: je règle mon jeu sur les diverses colonnes que forment les treize cartes: considérant chacune de ces colonnes comme une taille de *Trente-et-Quarante* qui n'auroit pas de fin. Ainsi je vais continuer le jeu que j'ai commencé sur les colonnes sans m'embarasser si les cartes sont les premières, deuxièmes ou troisièmes tirées par le banquier, c'est-à-dire que je ne m'inquiète pas si elles sont de première, de seconde ou de troisième ligne; et sans m'embarasser des doublets, c'est-à-dire des coups de canons, dont un brave soldat ne doit pas avoir peur.

Toutes mes colonnes de martingales vont marcher en avant pour attaquer les treize colonnes du Pharaon.

La troisième carte de l'*As* à la première taille ayant perdu, je parie qu'elle sera intermittente, je mets un écu sur l'*As*, d'entrée de jeu, à la seconde taille. Le premier *As* tiré par le banquier perd; je perds; je mets deux écus pour le second coup de ma martingale, je gagne, je lève deux écus, j'en ai un de bénéfice. Je retire ma carte;

À la première taille j'avois perdu un écu, puis deux sur le *deux*: d'entrée de jeu je mets quatre écus sur le *deux*; il vint un doublet, je perds deux écus, je retire les deux autres avec ma carte. Observez que le troisième deux de la sixième taille ayant été perdu et formant un seul coup de perte, j'ai pris le deux d'entrée de jeu, ou plutôt de taille, en y mettant un écu; il vient un doublet, je perds un demi écu, je retire l'autre demi avec ma carte.

Voyez présentement sur le tableau *FF* sur les 13 colonnes le nombre de coups que j'ai joués sur chacune d'elles, combien j'en ai perdus et gagnés: les premiers sont marqués sous la lettre *P*, les gagnans le sont sous la lettre *G*. À la colonne de l'*As* j'ai perdu quatre écus et j'en ai gagné onze. Sur la colonne du *neuf* j'ai perdu soixante-six écus et j'en ai gagné sept. Finalement, en huit tailles j'ai perdu 65 coups montans à 145 écus ½, et j'ai gagné 76 coups montans à 146 écus. Ainsi après avoir joué 141 coups, fait passer 294 écus sur les cartes, je n'ai gagné qu'un demi écu!

On voit que sur l'*As*, le 2, le 5, le 6, et sur la Dame ma martingale n'a été engagée que de *deux* coups; qu'elle l'a été de *trois* sur le 3, le 4, le 8 et sur le Roi: qu'elle l'a été de *quatre* sur le 7, le 10 et sur le Valet: qu'enfin elle a été engagée de *six* coups et a sauté sur le 9.

Ainsi j'ai eu 150 écus de mes martingales engagés dans le jeu; et j'en ai exposés 819, pour gagner un demi écu en deux heures d'un travail pénible!!!

Si je n'avois porté mes martingales qu'à quatre coups, je n'aurois perdu que 97 écus et demi; alors j'aurois gagné 48 écus de plus, et je n'aurois exposé que 195 écus au lieu de 819. Ainsi en n'exposant que le quart, j'aurois gagné 96 fois plus.

Voyons un autre ordre de bataille.

1. Je rejete *l'ordre profond* (ancien) et j'adopte *l'ordre mince* (moderne). C'est le moyen qu'on prend quand on a peu de troupes et peu d'argent.

Je n'employa ici que 39, écus que je range sur deux rangs, ne mettant que 13 au premier et 26 au second formant 13 martingales de deux coups, 1 puis 2 écus; faisant 3 écus pour chaque martingale. On ne peut rien de plus mince.

Je ne joue pas ici en colonnes, mais en ligne, c'est-à-dire que je joue par taille sur la seconde et troisième ligne ou carte. Voici comment Planche 13. et tableau *G G*.

As perd, je mets un écu sur l'*As*, je gagne.

Deux perd, je mets un écu sur le *Deux*, je perds; j'en mets 2, je perds encore; je saute de 2 coups faisant 3 écus; il n'y a pas là de quoi se casser le cou.

Trois gagne, je ne joue pas.

Quatre perd, je mets un écu sur le quatre, je gagne.

Cinq perd, j'y mets un écu, je perds; j'en mets 2, je gagne.

Je continue ainsi toute la première taille et je gagne encore *un* écu au 8, *un* au 10 et *un* à la Dame. Déduction faite du saut de 3 écus, il m'en reste ici sur cette première taille, 3 de bénéfice.

À la seconde taille. *As* perd; j'y mets un écu, je gagne.

Il vient un doublet au *deux*, je ne joue pas.

Trois perd; j'y mets un écu, je gagne.

Le *quatre* et le *cinq* commençant par gagner, je n'y joue pas. *Six* perd; j'y mets *un* écu, je perds; j'en mets 2, je gagne. Je continue la seconde taille, je gagne encore *un* écu sur le *huit*, *un* sur le *dix* et j'en perds trois sur le *Valet*.

À la troisième taille je gagne *un* écu sur l'*As*, *un* sur le *deux*, *un* sur le 7, *un* sur le 9, *un* sur le *dix*, *un* sur le *Valet*, *un* sur le *Roi* et je perds *un demi* écu sur le 6 par un doublet. Donc j'ai gagné sur cette troisième taille six écus et demi.

On voit sur le tableau *G G*. les cartes que j'ai jouées à chaque taille de la Planche 13. et ce que j'y ai perdu et gagné. On voit que j'ai perdu *un* écu à la quatrième taille, 4 à la septième, et 3 à la huitième. Ensemble 8 écus.

J'ai gagné 3 écus à la première taille, 2 à la deuxième, 6½ à la troisième, 6½ à la cinquième et un demi-écu à la sixième. Ensemble 18 écus et demi. Donc j'ai gagné sur les 8 tailles 10 écus ½.

On voit au bas de chaque colonne ce que j'y ai perdu et gagné.

*— Par mes 13 martingales de 6 coups faisant 63 écus chaque, et 819 écus en tout, je n'ai gagné qu'un demi-écu.

*— Par les 13 martingales de 4 coups faisant 15 écus chaque, et 195 écus en tout, j'ai gagné 48 écus et demi; cela fait 25 pour cent (en deux heures de jeu) de mon capital exposé.

*— Par les 13 martingales de 2 coups faisant 3 écus chaque, et 39 écus en tout, j'ai gagné 10 écus et demi; cela fait aussi 25 pour cent (en deux heures de jeu) de mon capital exposé.

On voit ici qu'on gagne autant, et même plus d'argent avec de petites martingales, qu'avec des grandes: et que c'est avec raison que *Frédéric* II. a rejeté *l'ordre-profond* et a adopté *l'ordre-mince*. Si ce prince avoit employé sa *tactique* au jeu de Pharaon, il y auroit sûrement gagné [32]).

Il ne faut cependant pas croire que cette manière de jouer soit infaillible, ni même bonne lors qu'on en fait ainsi une marche continuelle: il faut savoir quand il convient de la mettre en pratique, et jusqu'à quel point; car au jeu comme à la guerre il faut savoir, dans le succès, s'arrêter à propos.

Nous reviendrons ici après sur cet article.

On doit voir ici, qu'au Jeu de Pharaon, presque tous les pontes qui jouent à la gagnante, jouent en

---

[32] *Frédéric* II. partant pour aller livrer bataille aux ennemis, écrivit à Louis XV. *Je vais jouer votre jeu, & je gagne, nous partagerons.*

sent inversé de ce qu'il devroient faire pour gagner.
Que le plié, les payes, les cornes de parolis sont
inutiles et même nuisibles aux pontes qui les font; que
cet enfantillage est la cause de la ruine d'un *très-grand
nombre* de pontes. Mr. Huyn dans la *Théorie des Jeux
de Hasard*, en convient lui-même: voici comme il
s'exprime.

„Le jeu de Pharaon est très-amusant par les différents plis qu'on y fait et qui *empêchent de voir ce que
l'on joue*; le beau de ce jeu étant de faire de *grands
coups*; tel ponte qui joue un *quinze-le-va*, ne le ris-
queroit peut-être pas s'il voyoit la somme en espèce."

Ce passage de l'ouvrage d'un auteur très-expérimenté, consommé dans la pratique du jeu comme banquier et comme ponte, et qui connoissoit la théorie
des jeux, est remarquable et veut dire plus qu'on ne
le croit à la simple lecture; car Mr. Huyn, qui étoit
un très-honnête homme, avoit de plus l'usage du grand
monde, et connoissoit la manière délicate avec lequel
il veut être traité par un banquier, qui, quoi que privilégié, ne doit pas blâmer, ni même censurer les diverses manières, même très-mauvaises, très-ruineu-
ses qu'employent les pontes. Je crois donc devoir
donner ici le vrai sens de ce passage, que Mr. Huyn
a un peu sucré, pour masquer son amertume.

„Le Jeu de Pharaon est très-amusant pour les
banquiers, qui voyent que les pontes s'y ruinent sans
s'en apercevoir!

„Un Père de famille, ou un négociant qui met
dix louis sur une carte, s'il ne faisoit pas de corne
de paroli, en gagnant le premier coup auroit *vingt-
louis* sur sa carte; au second il y auroit *quarante
louis*; à la troisième fois qu'il gagneroit il verroit *quatre vingt louis* sur sa carte; cependant il ne seroit
qu'au *sept-le-va*: continuera-t-il, risquera-t-il
les 80 louis pour gagner le *quinze-le-va?* Cette somme de 80 louis attire les regards de la gallerie; si elle voit que ce père de famille ou ce négociant perd
ces 80 louis, elle aura une mauvaise opinion de sa con-

duite, de ses affaires; l'on dira dans le public, que Mr.
un tel, a perdu 80 louis sur une carte, etc.

„Pour masquer cette mauvaise conduite, pour éviter le juste blâme du public, on fait des cornes de
paroli, la gallerie ne voit perdre que *dix louis :* cela
n'est pas exorbitant.

„Mais s'il gagne le *quinze-le-va* qu'il cherche; la
gallerie qui lui voit lever 160 louis donc 150 de gain,
ne le blâmera pas, mais trouvera qu'il joue très-bien,
très-sagement; voilà comme, généralement, on juge
sur les apparences. On ne sait pas combien de di-
zaines de louis il a perdu avant d'avoir trouvé ce
beau coup.“ Nous avons fait voir que ces *beaux coups*,
ces coups de quatre ou cinq cartes gagnantes successivement, ne sont jamais en proportion avec les sommes qu'on débourse pour les trouver; et qu'en les
trouvant tous on perd le tiers de l'argent qu'on a joué.
Les cornes, les pliés, les payes sont nuisibles aux
pontes, qui par ce fait augmentent leurs pertes; cet enfantillage les déshonore en faisant voir leur ignorance, dans un jeu où ils risquent leur fortune, et
souvent celle de leur famille. Mais cette pratique de
cornes et de plis a quelque chose de plus *grave*, c'est
qu'elle favorise les désordres et les abus du jeu; circonstance qui devroit le faire interdire aux banques des
eaux minérales par les gouvernemens qui y autorisent
les Jeux de Hasard.

Nous allons continuer l'examen approfondi du
jeu de Pharaon, en recherchant ces *vices secrets* et
leurs causes physiques. Pour cet effet nous allons décomposer les *huit* tailles de la Planche 11. et en marquer les extractions sur la Planche 14.

Cette Planche 14. contient *six* parties, placées
les unes au dessous des autres. Dans la première nous
avons marqué les huit premières lignes des huit tailles. En dessous est la seconde partie, contenant les
huit secondes lignes ou secondes cartes des huit tailles.

Plus bas sont les troisièmes cartes ou lignes.

Plus bas encore sont les quatrièmes cartes des
huit tailles.

En suite se trouve la réunion des premières et secondes cartes ou lignes.

Finalement on voit la réunion des deuxièmes et troisièmes lignes.

Remarquez que la réunion des premières lignes présente 59 cartes venues pour le banquier et 44 seulement pour les pontes. *Ce vice* de disproportion se produit toujours, et on le trouve dans toutes les collections de 128 tailles que l'on fait. Je dis 128 tailles, car il arrive quelquefois plusieurs tailles où le banquier gagne moins de cartes en première ligne que les pontes: mais généralement le contraire arrive.

Des 59 cartes perdantes il y en a *cinq* en doublet qui ne me font perdre qu'un écu et 54 sur lesquelles je perds 2 écus, en total je perds 113 écus et je gagne 88 écus; donc je suis ici en perte de 25 écus.

Dans cette réunion de premières lignes, il y a pour le banquier 9 *intermittentes*; 8 coups de *deux*; 3 coups de *trois*; 3 coups de *quatre* et 2 coups de *cinq*.

La perdante a fait 31 fois son paroli, et l'a manqué 21 fois.

Il y a pour les pontes 11 *intermittentes*, 7 coups de *deux*, 3 coups de *trois* et *un* coup de quatre.

La gagnante a fait 16 fois son paroli et l'a manqué 22 fois.

Faisons ici le tableau des *premières* lignes.

AUX PERDANTES			AUX GAGNANTES.		
Chances.	Au dessus	T.	Chances.	Au dessus.	P.
Intermittentes 9	— 16 —	7	Intermittentes 11	— 11 —	
Coups de deux 8	— 8. —		Coups de deux 7	— 4 —	5
Coups de trois 3	— 5 —	2	Coups de trois 3	— 1 —	2
Coups de quatre 3	— 2 —		Coups de quatre 1		
Coups de cinq 2	—				
Parolis réussis 31		10	Parolis réussis 16		6
Parolis manqués 21			Parolis manqués 22		
Gagné 59 fois		15	Gagné 44 fois		15

On voit ici quel énorme désavantage les pontes trouvent à jouer sur la première ligne, quoi que là les doublets soient à son avantage.

Voici présentement le tableau des *secondes lignes.*

AUX PERDANTES.				AUX GAGNANTES.			
Chances.	Au dessus.		P.	Chances.	Au dessus.		T.
Intermittentes	16 —	8 —	8	Intermittentes	11 —	17 —	6
Coups de deux	4 —	4		Coups de deux	7 —	10 —	8
Coups de trois	4			Coups de trois	6 —		5
				Coups de quatre	2 —		5
				Coups de cinq	2 —		1
				Coups de six			
				Coups de sept	1		
Parolis réussis	12		10	Parolis réussis	34 —		11
Parolis manqués	22			Parolis manqués	23		
Gagné 40 fois			24	Gagné 64 fois			24

On voit ici que si la première ligne est avantageuse pour le banquier, malgré la perte qu'il y fait par les doublets; d'autre part la seconde ligne est avantageuse pour les pontes malgré les pertes que les doublets leur font essuyer.

Il faut chercher un moyen de rendre les diverses lignes avantageuses pour les pontes, nous le trouverons après avoir scruté entièrement ce jeu.

Voici le tableau des *trosièmes lignes.*

AUX PERDANTES.				AUX GAGNANTES.			
Chances.	Au dessus.		T.	Chances.	Au dessus.		P.
Intermittentes	10 —	15 —	5	Intermittentes	14 —	10 —	4
Coups de deux	6 —	9 —	3	Coups de deux	4 —	6	
Coups de trois	4 —	6 —	1	Coups de trois	5 —		1
Coups de quatre	3 —	2		Coups de quatre	1		
Coups de cinq	2						
Parolis réussis	31		10	Parolis réussis	19		8
Parolis manqués	21			Parolis manqués	20		
Gagné 58 fois			12	Gagné 46 fois			12

Voici présentement les *quatrièmes* lignes.

AUX PERDANTES.

Chances.	Au dessus.
Intermittentes	9 — 15 — 6 T.
Coups de deux	10 — 5 — 5 P.
Coups de trois	4 — 1 — 3 P.
Coups de quatre	
Coups de cinq	
Coups de six	1
Parolis réussis 23	2 T.
Parolis manqués 21	
Gagné 51 fois.	

AUX GAGNANTES.

Chances.	Au dessus.
Intermittentes	8 — 16 — 8 P.
Coups de deux	9 — 7 — 2 P.
Coups de trois	5 — 2 — 3 P.
Coups de quatre	1 — 1
Coups de cinq	1
Parolis réussis 26	5 T.
Parolis manqués 21	
Gagné 53	2 T.

Voici les *premières et secondes* lignes réunies.

Intermittentes	55 — 21 — 14 T.	Intermittentes	27 — 28 — 1 T.
Coups de deux	9 — 12 — 3 T.	Coups de deux	16 — 12 — 4 P.
Coups de trois	7 — 5 — 2 P.	Coups de trois	8 — 4 — 4 P.
Coups de quatre	4 — 1	Coups de quatre	2 — 2
Coups de cinq	1	Coups de cinq	
Coups de six		Coups de six	1 — 1
Coups de sept		Coups de sept	1
Parolis réussis 39	15 P.	Parolis réussis 49	5 P.
Parolis manqués 54		Parolis manqués 52	
Gagné 99 fois	10 T.	Gagné 109	10 T.

Voici les *deuxièmes et troisièmes* lignes réunies.

Intermittentes	33 — 23 — 10 T.	Intermittentes	33 — 26 — 7 P.
Coups de deux	16 — 7 — 9 T.	Coups de deux	13 — 13
Coups de trois	3 — 4 — 1 P.	Coups de trois	6 — 7 — 1 T.
Coups de quatre	2 — 2	Coups de quatre	4 — 5 — 1 T.
Coups de cinq	1 — 1	Coups de cinq	2 — 2
Coups de six	1	Coups de six	1
Parolis réussis 58	15 T.	Parolis réussis 50	4 P.
Parolis manqués 53		Parolis manqués 54	
Gagné 97 fois	14 P.	Gagné 111	14 T.

On voit ici que sur les *six* parties de la Planche 14, il n'y en a qu'*une* avantageuse pour les pontes et cet avantage n'est pas fort considérable (et souvent il l'est beaucoup moins qu'ici). L'avantage qu'on trouve ici à jouer sur la seconde ligne est différent, selon la manière de jouer. Si je jouois en paroli simple, un écu chaque fois, je gagnerois ici six écus en huit tailles après en avoir fait passer 56 sur les cartes, c'est 12 pour 100 (en 2 heures).

Si je joue en parolis doubles, c'est-à-dire cherchant des coups de *trois* pour gagner deux fois de suite; de sorte qu'après avoir mis un écu après la première gagnante, j'en lève quatre à la troisième; on voit que sur ces huit tailles j'aurois joué 28 fois *un* écu, que j'aurois perdu 19 fois *un* écu et gagné 9 fois *trois* écus faisant 27 écus, donc resteroient 8 écus de gain pour 28 de joués, c'est environ 30 pour cent (en deux heures).

Si je cherchois ici des *sept-le-va*, c'est-à-dire des coups de *quatre*; je n'en trouverois que trois entiers valant 21 écus et un estropié par un doublet, au Valet, et qui conséquemment ne me produit que trois écus de gain; qui joint au 21 fait 24.

Mais j'en ai joué 28, donc 4 n'ont pas été perdus. Ainsi je ne gagne pas, je ne perds pas.

Mais si je cherche un *quinse-le-va* (un coup de *cinq*) j'en trouverois 3 qui me produiront 45 écus; pour 28 de joués donc 25 de perdus; ainsi il m'en restera 20 de bénéfice; c'est 78 pour cent (en 2 heures).

Il ne faut pas se laisser séduire ici par ce calcul, nous ne le faisons que pour démontrer l'avantage réel que l'on trouve à ne jouer qu'en seconde ligne: mais pour jouir sûrement de cet avantage, il y a un travail à faire et des précautions à prendre. Nous devons ici exposer l'un et l'autre.

La première chose à observer est de donner la moitié de sa mise au banquier, chaque fois qu'elle essuye un doublet, et de retirer l'autre moitié avec sa carte; car l'expérience prouve que la seconde carte d'un doublet manque plus souvent son paroli qu'il ne le réussit.

2) De se faire payer par le banquier ce que l'on gagne à chaque coup, lors même qu'on en gagne sept ou huit de suite.

3) De ne jamais faire de paye ni aucune autre espéce de plis; qui tous sont nuisibles aux pontes et l'expose à des contestations désagréables et honteuses avec les banquiers, qui tous les jours sont trompés par des pontes de mauvaise foi. Un honnête homme doit jouer loyalement; doit mettre sa loyauté en évidence et à l'abri de tous soupçons; sur-tout lors qu'il se trouve dans des lieux où il y a presque toujours des fripons.

4) Lors qu'on a mis un écu (ou autre misse) sur une carte, qu'on gagne et qu'on veut encore jouer la même carte avec sa mise simple, ou seulement son gain; il ne faut pas faire de pli, mais se faire payer un écu (ou autre somme) qu'on empoche, et on ne laisse sur sa carte que l'écu qu'on y a mis. Supposons que j'ai mis un écu sur le *six* Planche 13. le *six* gagne, je me fais payer un écu; il gagne encore, je me fais payer encore un écu; il gagne une troisième fois, je me fais payer encore un écu; enfin le *six* perd, je ne perds qu'un écu. Cela s'appelle jouer en paroli simple.

On peut jouer de la sorte à tous coups gagnans, comme sur l'*As* des *secondes* lignes Planche 14. où, ayant mis au second coup gagnant, je me ferois payer *six* écus l'un après l'autre, donc j'en aurois *cinq* de gain. On joue aussi de la sorte un seul coup à la fois, lors qu'on voit que les cartes gagnantes ont produit beaucoup d'intermittentes et n'ont pas fait leurs parolis ainsi qu'au deux, Planche 13. Si l'*As* gagne une fois, j'y mets un écu; s'il perd, je retire ma carte et ne joue plus: si je gagne, je me fais payer un écu et je retire ma carte avec les deux écus; j'attends une autre intermittente.

5) Il est *très-bon* de s'abstenir de *transports*, l'expérience ayant prouvé qu'il y en a plus qui manquent que de réussir.

Les amateurs de *cornes* me feront peut-être une objection; en me disant que ne jouant que pour s'amuser ils trouvent beaucoup de plaisir à plier, chiffonner et gâter des cartes; et que si cela leur fait perdre quelque argent; ils consentent à payer le plaisir qu'ils y trouvent, comme celui que leur procure le concert ou la comédie. Je répondrai à cela; qu'il n'y a personne ou presque personne qui jouent aux *Jeux de Hasard* uniquement pour le plaisir d'y jouer, sans désir d'y gagner; et qui y perdent avec insouciance: il ne faut que regarder jouer au Pharaon quelque tems pour être convaincu que les *corneurs* ne rient pas quand ils perdent; que loin de trouver du plaisir en cela, on leur voit donner des preuves du contraire. Mais supposons que cela soit: je demanderois s'il est digne d'un homme raisonnable d'employer une somme considérable à un enfantillage ridicule qui le couvre de honte et de mépris. Souffreroit-il que son fils prit un tel plaisir? Si un fabricant ou marchand de cartes à jouer, apportoit un mémoire de 30 ou 40 écus à un père de famille, pour des cartes neuves fournies à son fils âgé de dix à douze ans, qui les auroit brisées, déchirées en faisant des chateaux de cartes; ce bon père, ne feroit-il pas donner le fouet à son fils?

Or quand je vois qu'un père de famille a perdu une somme considérable en s'amusant *sottement* à faire des cornes, je demande si Monsieur le *Papa* ne mérite pas qu'on lui donne le fouet, comme il l'a fait donner à monsieur son fils?

Revenons aux vices *secrets* du jeu de Pharaon que nous venons de découvrir. Il consiste, 1) En ce qu'il y a plus de cartes perdantes que de gagnantes en *premières lignes*. 2) En ce qu'il y en a plus de gagnantes que de perdantes en *secondes lignes*. 3) Qu'en général, à la perdante, comme à la gagnante, il y a plus d'intermittentes que de chances au dessus: que ce défaut de proportion existe aussi pour les coups de *deux*, de *trois* et pour les *séries*. 4) Que les *séries* (qui sont recherchées par le plus grand nombre des joueurs) sont excessivement moins nombreuses qu'elles devroient être et que ce seul défaut de proportion, ruine une infinité de personnes qui jouent au Pharaon, sans connoître ce jeu énormement vicié. 5) Que les *parolis*, en général sont toujours insuffisants, c'est-à-dire qu'il en a toujours plus de manqués que de réussis.

Nous devons présentement exposer les causes physiques des *vices secrets* du jeu de Pharaon.

J'ai d'abord cru que la surabondance de cartes perdantes en premières lignes provenoit du nombre de *treize* cartes.

J'en ai ôté les Rois; j'ai fait et fait faire plusieurs milliers de tailles avec des jeux de 48 cartes, et j'ai toujours trouvé plus de cartes perdantes que de gagnantes en premières lignes. Je dis toujours: cela s'entend de chaque collection de *cent et vingt huit* tailles, dont je me suis procuré quelques centaines: plus de *quatre vingt mille* tailles m'ayant passé par les mains.

Je dis par collection de 128. Car j'en ai vu de 64 où, en général, il se trouvoit autant de gagnantes que de perdantes, par un effet du hasard, fort rare: et notez que je dis *généralement,* car on voit souvent des premières lignes qui ont plus de gagnantes que de perdantes. Mais ce qui prouve incontestablement qu'il y a généralement plus de cartes perdantes que de gagnantes en premières lignes, c'est que l'avantage que le ponte doit y trouver par les doublets se trouve entièrement absorbé par ce *vice-secret.* Car sans lui il y auroit une manière simple, facile et assûrée de gagner au Pharaon: elle consisteroit à prendre les treize cartes et de les charger de deux écus ou de deux louis chaque, pour ne les jouer qu'en première ligne: à chaque doublet qui viendroit de première en seconde lignes, le ponte gagneroit un écu ou un louis: et jouant de la sorte toute l'année il y feroit un bénéfice immense. Qu'on éprouve ce jeu

avec des jetons; on se trouvera bientôt en perte malgré l'avantage du doublet: on en verra encore la preuve à l'article de la Bassette. Voyons présentement la
cause physique du *vice* de la première ligne.

JEU DE CERISES

Petit Jeu de Hasard.

En Italie, en France et dans l'Allemagne occiden-
tale on pèse les cerises, on les vend à la livre. Or
le nombre qu'on en reçoit dépend de leur grosseur;
et comme on les pèse en tas, on ignore combien on en
reçoit. Deux petits garçons achetent une livre de cerises et se mettent à les manger les unes après les autres, chacun alternativement.

Celui des deux qui tombe à la dernière cerise
paye toutes les cerises mangées; c'est-à-dire la livre
entière. Ce jeu enfantin n'est pas aussi sot que celui
des corneurs au Pharaon.

En Saxe les fruitières comptent les cerises et les
vendent à la soixantaine. Si deux petits garçons a-
chetoient soixante cerises, pour jouer le petit jeu
françois, celui qui commenceroit par manger la première cerise gagneroit la partie, puisqu'il en auroit mangé trente, lors que l'autre n'en auroit encore
mangé que vingt-neuf.

Voilà la cause physique du premier *vice secret*
du Jeu de Pharaon. En considérant les cartes venues
en doublets et celles venues en dernières cartes, comme cartes effectives; et elles le sont réellement, abstraction faite de ces deux avantages du banquier, *il y
a* au Jeu de Pharaon autant de cartes pour le ponte
que pour le banquier. Or le banquier tirant la première carte pour lui doit avoir sa part remplie le premier et avant que le ponte ait entièrement la sienne.
Il y a treize cartes en première ligne: arrivé au nombre
13, le banquier en a tiré *sept* pour lui et seulement *six*
pour le ponte: mais dès lors la chose change; la quatorzième carte étant pour le ponte, à la vingt-sixième
(en seconde ligne) il y en a eu *sept* pour lui et seu-

lement *six* pour le banquier. Voici cela démontré, en marquant les cartes pour le banquier par des croix et celles pour le ponte par des zéros.

$$†_o†_o†_o†_o†_o†_o†$$

$$_o†_o†_o†_o†_o†_o†_o$$

Si le jeu n'étoit composé que de 13 cartes, le désavantage du ponte seroit entiérement dans la proportion que l'on voit à la première ligne, et le jeu ne seroit pas jouable. Étant de 52 cartes, il y en a plusieurs, dans le premier tiers de la taille, qui, étant arrivées plusieurs fois, se trouvent placées en première et seconde lignes, et quelquefois en troisième avant que la première ligne soit entiérement remplie. Cette circonstance qui altère l'ordre que nous venons d'exposer ne l'anéantit pas; il en reste presque toujours quelque chose qui à la longue forme pour le ponte, une somme considérable de *désavantage* en premières lignes, et *d'avantage* en secondes lignes.

Nous avons dit que sur 120 tailles il y a environ 210 doublets. Cela revient à 21 pour *douze* tailles; des ces 21 doublets il y en aura 7 de premières en secondes lignes qui me feront gagner 3 masses et demie en 12 tailles; c'est plus d'un *quart* de masse par taille.

L'expérience a prouvé que sur *deux mille* tailles il y a plus de *six cens* cartes perdantes de plus en premières lignes que de gagnantes: et qu'il n'y a qu'environ *cinq cens* cartes gagnantes, plus que de perdantes, en secondes lignes. C'est ce qui fait près d'un *tiers* de masse par taille, d'excédant pour le banquier, sur la première ligne; et un quart de masse par taille, d'excédant pour le ponte, sur la seconde ligne.

Voilà comment l'avantage que le ponte retire du doublet qui vient de première en seconde ligne, est *dévoré* par l'excédant des cartes venues pour le banquier.

Voilà aussi pourquoi le ponte qui ne joue au *Pharaon* qu'en premières et secondes lignes réunies trouve un *jeu égal* entre lui et le banquier. Je dis *égal* quoi qu'il ne le soit pas tout à fait, le banquier y ayant encore une parcelle d'avantage par les *cents* cartes de plus qu'il a pour lui en *deux mille* tailles; c'est ce que fait *un vingtième* de masse par *taille*: c'est une très-petite bagatelle qui ne doit pas entrer en ligne de compte: d'ailleurs il reste ici un grand avantage au ponte, c'est celui de la spéculation et de l'attaque: avantage très-considérable et incalculable (dans un *jeu presque égal*) pour le ponte.

Pour jouer au Pharaon avec assurance de gain, à la longue, il faut 1) regarder jouer ce jeu à la banque où l'on veut jouer, mais à une banque où le nombre des séances et le nombre de tailles qu'on doit faire, est réglé par le gouvernement qui l'a autorisé et privilégié.

2) En regardant jouer, j'entends regarder faire les tailles par le tailleur et s'habituer à bien distinguer les cartes qu'il tire et à les marquer comme on le voit aux tableaux *CC*, — *DD*, — *EE*, sur des feuilles étroites et lignées, comme on en voit le modèle après la huitième taille, tableau *EE* et numérotant les tailles que l'on marque dans l'ordre qu'on les a fait au jeu. Ce travail est facile dans le commencement de la taille, parce que le tailleur les abat assez lentement: mais sur la fin de la taille, il les abat très-souvent avec une telle rapidité et quelquefois sans les nommer, qu'il est très-difficile et souvent impossible de les marquer, (cependant il le faut); car quelquefois la seconde carte (telle que la seconde Dame à la première taille, tableau *CC*), vient sur la fin de la taille. Cette précipitation, ce silence a très-souvent lieu dans les tripots d'auberges où l'on joue en contravention de la défense; tripots qu'on doit fuir comme des vrais coupe-gorges.

3) Avant d'aller à la banque pour y jouer on prendra les 32 ou 64 dernières tailles qui ont été jouées et qu'on a marquées comme au tableau *CC*. On les

marquera sur une feuille comme à la Planche 13, én
ne marquant que les trois premières lignes. Alors on
observera bien cette feuille pour se déterminer sur la
manière dont on devra jouer. Je vais donner un
exemple de la manière de procéder à cette observation et à la détermination, d'après les huit tailles de
la Planche 13.

Je vois que le deux à la gagnante n'a pas fait son
paroli (ou ne l'a pas fait depuis long tems) quand le
deux gagnera, soit en première ou deuxième ligne je
prendrai le deux, s'il gagnoit en troisième ligne je ne
le prendrois qu'à la taille suivante et d'entrée de jeu,
c'est-à-dire avant que le banquier ait tiré la première carte. Je mettrai sur ce deux 4 écus; s'il vient un
doublet, je donnerai 2 écus au banquier et je retirerai
les deux autres avec ma carte: si je gagne, je verrai
8 écus sur ma carte, j'en prendrai 6, j'en laisserai 2
sur la carte pour obtenir le coup de trois (en arrière
et rare); si je perds, il me reste 2 écus de bénéfice
du premier coup. Si je gagne, je verrai encore 4
écus sur ma carte, je retirerai tout, j'aurai gagné
6 écus.

S'il venoit ainsi un coup de trois, je jouerois encore sur le *deux* lors qu'il se présenteroit en intermittente gagnante, mais alors je ne mettrois que 2 écus
pour obtenir le paroli simple: si je gagnois,. je reti-
rerois aussi tôt ma carte avec les 4 écus qui s'y trouveront; j'aurai 2 écus de gain.

Si à la première fois que j'ai joué je n'avois pas
obtenu le coup de trois; j'aurois continué à jouer
de la sorte à 4 écus jusqu'à ce que je l'eus trouvé.
Mais si je l'avois trouvé et une couple de coups de
deux je ne jouerois plus sur le *deux* pour le peu que
je fus en gain. Mais si j'étois en perte, mes probabilités de gain étant augmentées je continuerois la recherche des coups de *deux* mais avec 2 écus chaque fois;
pas plus, ayant déjà trouvé un coup de trois.

Voyant au Valet que la perdante n'a eu qu'une intermittente et que le troisième coup de la huitième taille est de cette nature, à la taille suivante je mettrai 2 écus sur le Valet d'entrée de jeu, jouant ainsi en première ligne.

Si je gagne, je retire aussi-tot les 4 écus avec la carte. Si je perds, je retire ma carte, et j'attends une autre intermittente perdante, pour continuer le même jeu jusqu'à ce que je me trouve en gain de 4 écus, mes pertes faites sur cette colonne étant en sus rattrapées; cela peut aller à plusieurs tailles avant d'atteindre ce but, mais finalement je l'atteindrai, pourvu que je joue ainsi petit jeu sans augmenter mes mises et ayant assez d'argent pour soutenir la poursuite des chances en retard; car au *jeu* comme à la *guerre* la victoire définitive, est pour celui dont les finances ne sont pas épuisées. Je me bornerai à cette manière simple et facile de jouer, et de jouer peu la première fois et même la seconde si la nature du jeu le comportoit, soit sur les mêmes cartes ou sur d'autres qui me présenteroient de telles probabilités de gain; mais jamais je ne joueroi, dans une séance sur plus de trois cartes, déterminées d'avance.

Un autre jour je joueroi en 13 martingales (qui peuvent être réduites à 6) 1 et 2. comme au tableau *G G*, lors que je verrois que plusieurs des dernières tailles consécutives ont eu plusieurs *séries* perdantes (noires) comme les tailles 7 et 8 Planche 13. où trois coups de suite dans la même taille sont ici considérés comme *séries*.

Lors que je me trouverois sans perte et avec quelque gain, je finirai de jouer; l'essentiel est de se contenter de peu; de ne pas s'échauffer dans la victoire, et de ne pas perdre la tête dans un combat long ou pénible. La victoire, est toujours, définitivement pour le guerrier et le joueur qui savent attendre avec patience les occasions favorables, qui attaquent à propos avec les meilleures probabilités de gain, combattent sagement et savent s'arrêter à propos.

Une autre fois voyant une carte ou deux qui depuis long-tems n'ont pas eu des *séries*, j'y jouerai la gagnante en y mettant 4 écus, dont 2 pour le paroli simple et 2 pour le grand paroli tel qu'un coup de *cinq* qui me feroit gagner un *quinze-le-va*; dont la poursuite seroit alimentée par les parolis simples que je gagnerois : mais dans ce cas je ne jouerois qu'une seule carte, sans jamais faire de plis, me faisant payer chaque fois que je gagne.

Le moyen le plus sûr de jouer avantageusement un tel jeu, c'est-à-dire de chercher des *séries* de 5 ou 6 coups, c'est de les chercher sur les secondes lignes où elles sont plus fréquentes et toujours surabondantes de leur nombre proportionnel. Pour cet effet on marque les tailles trois fois; la première comme au tableau *C C*; la seconde comme à la Planche 13 et la troisième comme la deuxième partie de la Planche 14. où l'on voit la réunion des 8 secondes lignes des 8 tailles. Ici ce seroit sur le 6 que je chercherois les parolis simples et la grande *série*.

Il faut ici faire attention à plusieurs choses; 1) qu'il ne faut marquer au jeu que les tailles comme au tableau *C C*. C'est chez soi qu'on les marque comme sur les Planches 13 et 14. Ces deux dernières feuilles restent au logis, ainsi que les tailles précédemment marquées.

2) Que ce n'est pas avec des feuilles aussi courtes que celles de *huit* tailles (que nous donnons ici pour exemple) qu'on peut avoir des probabilités de gain. Il faut que ces feuilles contiennent au moins 64 tailles, qu'une banque fait en 16 heures de tems. Si elle ne taille le Pharaon que 3 heures chaque jour, il faudra cinq jours pour avoir cette collection et pouvoir alors jouer. Plus ces feuilles s'alongeront, plus les probabilités auront de force.

3) Il *faut* aussi marquer les premières et secondes lignes de toutes les tailles, comme à la cinquième partie de la planche 14. Là on trouvera un jeu égal et en jouant la gagnante en *grand paroli*, sur des *séries* de *cinq* ou *six* coups; et jouant en même tems, le pa-

roli simple, pour alimenter la poursuite du grand. Jouant ici de la sorte, tous les doublets qu'on essuyera seront à l'avantage du ponte et au préjudice du banquier; même les doublets des secondes en troisièmes lignes. Le second vice du jeu (le défaut de parolis et de séries suffisans) séra anéanti pour le ponte qui saura attendre que de grandes probabilités de gain se montrent sur cette feuille. Par exemple, ici ce seroit sur le *six* que je chercherois la série et le paroli simple, avec d'autant plus de probabilités que la perdante a eu deux *séries*, un coup de deux et pas une intermittente, donc s'il venoit une intermittente noire je prendrois le *six* que je chargerois de 2 écus: de sorte que j'aurois deux manières de jouer sur cette carte, la seule que je jouerois pendant toute la séance, et même pendant la suivante si la nature du jeu l'exigeoit.

C'est donc ici que je prendrois toute l'artillerie (*doublets*) de l'ennemi, que j'en ferois jouer une partie contre lui même; que je me garantirois de l'effet de ses mines et fougasses (*vices secrets*), que je pourrois le combattre avantageusement avec peu de soldats (*ecus*), que moi, définitivement, je n'en aurois pas perdu un seul: que cependant je lui aurois fait un bon nombre de prisonniers (*écus*) que j'emmenerois pieds et poings liés, *dans ma bourse.*

Lisez le Programme de bataille que nous avons donné, le voilà exécuté pharaoniquement; on en verra le moyen d'exécution militaire dans le *traité abrégé de l'Art des batailles.*

Il est probable que si tous les pontes jouoient ainsi au Pharaon, que messieurs les banquiers abandonneroient bientôt le champ de bataille, et se retireroient au delà du fleuve *Puti.* Mais il me reste encore quelques remarques à faire et quelques observations à recommander.

Nous dirons d'abord que la cause physique du nombre insuffisant de *parolis* et de *séries*, et de la surabondance des intermittentes, provient en partie du *vice* de la première et de la deuxième lignes, mais plus fortement du grand nombre de colonnes où tombent et où doivent être marquées les cartes que tire le banquier, lesquelles sautent l'une après l'autre à des colonnes et à des lignes différentes, ainsi que cela arrive aux colonnes du *Biribi.*

Nous pourrions faire connoître ici plusieurs autres manières de jouer au Pharaon, avec l'assurance d'être définitivement en gain mais étant plus difficiles à apprendre et à pratiquer nous n'aurions fait que grossir inutilement ce petit ouvrage : et, ce qu'il y auroit en de pis, nous aurions porté un grand préjudice au grand nombre de personnes qui aimant ce jeu, n'ont pas assez d'aptitude à cette étude, ou assez de patience pour la bien faire, ou enfin qui ont trop d'avidité pour le gain. Ce que nous avons dit suffira pour les personnes raisonnables qui ne désirent que des gains modiques et un amusement honnête. Elles obtiendront ces doubles avantages en étudiant avec attention et patience le peu que nous en avons dit et en s'exerçant chez soi avec des jetons à la pratique de ce jeu assez difficile lors qu'on y joue son argent. Il en est des joueurs comme des soldats. J'ai vu des régimens composés d'hommes de mines très-martiales, très-bien exercés, exécutant sur une place d'armes les manoeuvres les plus compliqués, les plus difficiles avec une exactitude et une célérité admirable; rien n'étoit plus étonnant que leur feu prodigieux. J'ai vu ensuite ces régimens sur le champ de bataille en présence de l'ennemi........ Adieu, les belles manoeuvres, les mines martiales, tout cela s'en fut au diable.

Il en est de même du jeu. Il ne suffit pas de les bien connoître, d'y être bien exercé; il faut encore être aguerri, rompu à la fatigue, familiarisé avec le danger, ferme et sage dans le malheur, modéré et prudent dans le bonheur: il faut savoir conserver toujours son sang-froid, etc.

Pour obtenir ces qualités précieuses qui conduisent les hommes à la victoire ou à la fortune, il faut s'aguerrir petit à petit, commencer par une manière de jouer simple et facile, jouer rarement et peu, et toujours sur de grandes et nombreuses probabilités, qu'on aura attendues avec patience, qu'on étudiera avec calme et qu'on essayera avec prudence et réflexion, et surtout avec le calme imperturbable d'un vieux guerrier.

C'est bien dire que le jeu de Pharaon, ne doit pas être celui des jeunes fanfarons, des têtes de géli-nottes, des vol-au-vent.

Le meilleur moyen pour parvenir à bien jouer, à jouer avec assurance de gain et de commencer, dans les premiers mois à ne jouer que le plus petit jeu possible, de n'employer à cela qu'une très-petite somme qu'on ne puisse perdre (étant divisé et portée partiellement au jeu) entièrement qu'après plusieurs séances très-malheureuses: et sans que la perte entière de cette petite somme puisse incommoder les moins du monde celui qui l'aura perdu.

Mais nous le répétons encore, l'article essentiel pour jouer avec assurance de gain est de jouer rarement mais bien.

Un soldat de bataillons tirera 60 coups de fusil dans une bataille et n'aura tué ni blessé personne [33]), tandis, que sur ce tems, le chasseur qui n'aura tiré que *dix* coups aura tué ou blessé deux ou trois ennemis. Si dans une séance, ou même dans une journée je ne joue que *douze* coups, que j'en perds *cinq*, et que j'en gagne *sept*, j'aurai *deux* coups en gain. Si cela paroît modique, il faut calculer ce qu'un grand nombre de telles modicités formera dans le cours d'une saison. D'ailleurs il ne faut jamais perdre de vue, que le jeu n'est pas fait pour s'enrichir, mais pour s'amuser et qu'il doit être très-heureux pour un être raisonnable, de s'être amusé long tems

---

33) Voyez l'ouvrage de Mauvillon, *de l'Influence de la poudre à canon* etc. Il prétend que sur cents coups, il en est à peine *un* qui porte. Voyez le *Manuel de l'in-fanterie*, Paris, 8, page 144.

à un jeu très-dangereux (qui écrase, ruine et déshonore une multitude innombrable de personnes) non seulement sans y perdre, mais avec quelques profits.

Un tel homme sera semblable à un militaire qui revient de plusieurs batailles meurtrières, sans avoir été blessé et se trouve avancé de quelques grades.

Un tel homme ne doit-il pas se croire fort heureux? seroit-il raisonnable de se plaindre de n'être pas Maréchal et riche de quarante millions en or?

Nous ne publions pas ce petit ouvrage pour faire la fortune des personnes qui le liront, mais pour les préserver de pertes honteuses et funestes; pour leur procurer la faculté de s'amuser agréablement, gratuitement et même avec quelques bénéfices. Nous ne le publions pas, non plus, pour faire des joueurs de profession, état aussi méprisable que celui de prostituées.

Notre principal but, il faut le dire, est de diminuer et même d'empêcher les abus qu'on fait des jeux de hasard. Puisse ce petit ouvrage opérer cette œuvre salutaire: nous aurions la satisfaction d'avoir atteint un but où tous les autres auteurs, les législateurs, les magistrats les plus vigilans, les plus actifs n'ont encore pu atteindre.

COUP-SÛR DU JUIF,

POUR GAGNER MILLE ÉCUS,

AVEC UN SEUL ÉCU DE MISE

AU

PHARAON.

Dans un ouvrage récent intitulé: Clauren Er-
zählungen 4tes Bändchen, on y voit une anecdote sous le titre: Der Holländische Jude.
C'est l'histoire d'un Juif qni, voyant jouer au *Pha-*
raon, offrit de parier sa tête que telle carte gagneroit:
et que réellement cette carte gagna. Une feuille pé-
riodique dé Dresde, très-estimée, Abendzeitung,
qui rapporte cette anecdote, demande s'il est possible
qu'on puisse savoir d'avance quelles cartes gagneront?
Le Rédacteur de cette feuille fait des voeux pour qu'on
trouve une manière de jouer au Pharaon avec certitude de gain; afin, dit-il, que les pauvres joueurs de
Pharaon ne s'y ruinent plus. Il paroit que les voeux
du Rédacteur eussent été plus raisonnables s'il avoit
souhaité que les pauvres joueurs au Pharaon, qui y
perdent tant d'argent, voulussent bien n'y plus jouer,
ou y jouassent sagement, pour s'amuser, et avec des
désirs de gains modérés, au lieu de s'y appauvrir par
une frénétique cupidité.

Lorsqu'il s'agit des passions des hommes, les voeux et les souhaits ne servent de rien, il faut, pour ainsi dire, leur brûler les yeux avec la lumière, pour leur faire voir le chemin de la sagesse.

Nous l'avons déjà dit, tous les écrits et discours moraux, ni même les loix, n'empêcheront jamais les hommes de faire de mauvais jeux, et de mauvais mariages.

Nous avons fait voir les moyens de jouer aux Jeux de Hasard avec assurance de gain, mais de gains modiques; qui cependant étant réitérés, peuvent, à la longue, former une somme très-considérable. Mais il s'agit ici d'un grand coup de fortune fait en un instant, avec infiniment peu d'argent, une extrême facilité et une certitude indubitable.

Il s'agit ici du *coup sûr du Juif*, que nous croyons devoir faire connoître pour l'intérêt des pontes et des banquiers, car tels que puissent être ces derniers il est de l'intérêt général de la société qu'ils ne soient point friponnés; les voleurs mêmes ne doivent pas être volés.

Le cas où l'on peut faire un tel coup, se présente quelquefois, par trois conjonctures différentes.

1) Lorsque celui qui taille le *Pharaon* oublie de mêler un des deux talons d'une des dernières tailles, après la taille faite et avant de faire la taille suivante, avec les mêmes cartes. Ce cas est excessivement rare, et n'arrive guère qu'à la fin de longues séances nocturnes, lorsque le tailleur succombe de fatigue et de sommeil.

2) Lorsque celui qui taille le *Pharaon* n'est pas propriétaire de l'argent de la banque, mais est payé, pour tailler, par celui à qui la banque appartient; et que ce tailleur payé s'entend avec un de ses amis pour le faire gagner au préjudice de son maître: c'est un cas qui arrive assez souvent et c'est pourquoi les grosses banques ont des inspecteurs secrets pour y veiller.

3) Le troisième cas a lieu lorsque le propriétaire de l'argent de la banque la fait sauter pour son propre bénéfice, et en voici la raison.

Il est très-rare qu'un banquier de *Pharaon* y expose de grosses sommes; les plus fortes banques n'ont que quelques centaines de louis sur la table. Si les pontes commencent par gagner et que le banquier se trouve en perte, celui-ci prolonge la séance autant qu'il peut; pour que le retour de la fortune lui fasse regagner ses pertes, c'est à quoi les pontes heureux consentent volontiers pour, disent-ils, profiter de leur veine de bonheur. Mais si les pontes commencent par perdre et surtout par perdre beaucoup en sorte que l'argent de la banque soit promptement doublé ou triplé, alors le banquier, qui sait que la roue de la fortune tourne toujours comme le soleil ou la terre, ou comme une diede à la broche, craint avec raison de reperdre ce qu'il a gagné avant la fin de la séance; surtout s'il voit que des pontes non encore épuisés se disposent à des efforts pour rattraper leurs pertes. Que fera le banquier? lèvera-t-il la séance? Les pontes en murmureront avec justice. Il ne peut rien enlever de la banque tant que la séance dure. Voici ce qu'il fait.

Le banquier, ou un de ses agens, remarque bien les cartes qui viennent en perte ou en gain, ou les unes et les autres, dans la taille suivante, et encore dans la taille d'après, si la première n'est pas de nature à opérer le coup. S'il voit le moment propice, il fait un signe convenu au tailleur et, celui-ci aussi-tôt travaille à ourdir la trame. Voici comme la chose se fait. Aussi-tôt que la taille est finie; supposons que ce soit la première (1. *r.*) du tableau *HH*, les cartes perdantes sont en tas séparément sur la table, formant un talon; les cartes gagnantes sont aussi en tas, formant un talon placé à côté de l'autre. Le tailleur prend un des deux talons, supposons celui des gagnantes, il les mêle parfaitement bien; puis prend l'autre talon composé des perdantes et en fait un faux mélange de sorte qu'après avoir été bien séquencées elles se trouvent encore dans le même ordre qu'elles sont venues lors qu'elles ont été tirées pendant la taille. Après cela le tailleur joint les deux talons ensemble

et en fait un faux mélange si adroit que personne ne
peut en avoir ni en voir le moindre indice ; puis pose
ce jeu sur la table, et en prend un autre qu'il mêle
pour la seconde fois et faire la taille suivante; car à
chaque taille on change de cartes qu'on mêle avant
la taille et après.   Lors que la seconde taille (que
nous supposons être celle 2. b) est finie; le tailleur
réprend le jeu faussement mélangé qui a produit la
taille 1. *a.* en fait encore un faux mélange, puis (les
cartes du talon non mêlé étant en dessous) il présente
à couper à un des compères de la banque: celui-ci
ne léve que quelques cartes (soit en nombre paire ou
impaire n'importe).   Alors le *contre-ponte* du banquier [34]), qui doit faire sauter la banque pour le banquier, fait attention aux cartes que le tailleur amène,
On les voit à la taille 3. a. du tableau *H.H.* commençant par 3, Valet. Valet, sept etc.

Arrive 3. et cinq, nous y voilà: As et six. Ici
le compère a la certitude que le 9, le 5, le 2, le 6 et
encore le 6, puis le 5, le Roi, le 3, le 6, puis le Valet vont gagner successivement c'est-à-dire qu'il con-
nóit ces *dix cartes* qui vont gagner de suite.

Si le compère ou contre-ponte voyant 3 et 5,
puis As et six mettoit alors un écu sur le 9, il le gagneroit *sonica:* puis s'il transportoit ses deux écus sur le 5,
puis ses quatre écus sur le 6, y feroit son paroli, puis
transporteroit le tout sur le 5, ensuite sur le Roi,
puis sur le 3, puis sur le 6 et enfin sur le valet, alors
ayant gagné dix coups de suite en grand paroli, il auroit sur sa dernière carte 1024 écus, pour un écu
qu'il auroit mis sur sa première carte.   Mais l'on voit
qu'un *contre-ponte* ne pourroit faire un tel coup sans
se faire connoître, car c'est une chose inouie de gagner ainsi dix cartes de suite *sonica*, en *huit* transports.   Le contre-ponte du banquier s'y prend plus
adroitement; voyant le 3 et le 5; puis l'As et le 6;

---

34) Il y a des contre-pontes de diverses espèces; nous
les ferons connoître.

assûré alors des dix cartes qui vont gagner successivement, il mettra, supposons, dix louis sur le 5; il
vient 7 et 9, puis As et 5, ici le contre-ponte qui
n'a pas gagné *sonica* a vingt louis sur sa carte, il les
transporte sur le 6, il vint 2 et 8, Roi et *six*, puis
As et *six*, ici le contre-ponte a gagné trois fois et a
80 louis sur sa carte, qui est le six, il les y laisse, il
vient 9 et 5, 4 et Roi, Valet et 3, puis 10 et *six*, ici
le contre-ponte a 160 louis sur sa carte; donc 150
de gain, cependant il n'a gagné que quatre fois, pas
une seule *sonica*, n'a fait qu'un transport et a gagné
trois fois la même carte, le 6: chose qui se voit assez
souvent.

Dans ce coup il n'y a rien de bien extraordinaire, rien qui puisse faire soupçonner le banquier ni
ses agens de supercherie; cependant il a enlevé adroitement 150 louis de dessus sa table au grand préjudice
des pontes qui ne peuvent récupérer leurs pertes. Si
la somme de 150 louis ne suffisoit pas pour enlever
les pertes des pontes et partie de la banque, le banquier, par ce même coup de quatre gagnantes en pourroit faire enlever 300 ou 600 par son contre-ponte, en
lui faisant mettre vingt ou quarante louis sur la première carte qui étoit le 5. Un tel grand coup est tri-
plement avantageux au banquier. 1) Par l'argent qu'il
soustrait secrétement de la banque à la barbe des pontes qui voyent ainsi disparoître tout à coup et par en-
chantement, l'argent qu'ils viennent de perdre.

2) Ce grand coup frappe, éblouit les pontes sans
expériences, qui croient pouvoir en faire facilement
un pareil: c'est ce qui les excite à jouer jusqu'à leur
dernier écu.

3) Le banquier après cette forte extraction d'argent peut prolonger la séance autant que les pontes
le veulent; alors ceux-ci ne peuvent que glaner tandis que le banquier peut encore moissonner tout ce
qui leur reste d'argent et celni que d'autres pontes sur-
venans pourront apporter.

Il arrive quelquefois qu'un tailleur fripon fait la
même opération à son profit, à l'insu et au préjudice

dé son maître; alors c'est à un de ses amis (ou plutôt
à son complice) qu'il présente à couper: et c'est un
autre de ses complices qui ponte et fait le coup: et
ces maîtres fripons font toujours comme s'ils ne se connoissoient pas. Cependant les banquiers qui se permettent de tels faits au préjudice des pontes, trouvent
très-mauvais que leurs agens leur en font autant; car
tôt ou tard ils le voyent soit par eux mêmes ou par
leurs surveillans. Savez-vous comme les *Inspecteurs
secrets* nomment une taille comme celle 3 a?
L'Échelle de la potence.

On sait que ces sortes d'échelles sont doubles;
un des côtés est pour Monsieur le Bourreau [35) et
l'autre côté est pour Monsieur le Voleur.

De telles friponneries ne sont pas rares: je les
ai vu commettre plusieurs fois: et les personnes qui
voudront, comme moi, se donner la peine ou le plaisir de marquer les tailles lorsqu'elles verront jouer
le Pharaon verront beaucoup de choses semblables.

J'ai connu des pontes qui, outre l'étude de leur
jeu, faisoient la plus grande attention aux manœu-
vres des banquiers, des tailleurs, croupiers etc. ils
faisoient pour leur propre compte les fonctions d'Inspecteurs secrets, et lors qu'ils voyoient une échelle
de potence dressée, ils y montoient aussi-tôt avec le
voleur, pour l'étrangler avec la corde qu'il avoit
filée; c'est-à-dire qu'ils faisoient le noble métier
de Bourreau.

Voici comment ces Messieurs procédoient à une
affaire aussi honorable.

Marquant toutes les tailles comme aux tableaux
C C. D D. etc. ils remarquoient bien où le tailleur
mettoit le jeu de carte avec lequel il avoit fait la taille; puis les cartes de la taille d'après, et ainsi de

---

35) Expression des Allemands: Herr Scharfrichter.

toutes les tailles et de tous les jeux que l'observateur distinguoit, sur les tailles qu'ils avoient produit par des marques distinctives; telles que *a, b, c, d, a, b, o,* etc. ainsi qu'on le voit au tableau *H. H.*

Messieurs les observateurs remarquent avec la plus grande attention la manière dont le tailleur mêle les cartes, et surtout à qui il les présente à couper et de quelle manière on les coupe, si on n'enlève que quelques cartes du dessus, ou qu'en en enlevant beaucoup il n'en laissent que peu en bas, car dans ce cas le tailleur auroit pu mettre le talon non mêlé au dessus au lieu de le mettre en dessous, cela revenant au même.

L'observateur potencière remarque avec une extrême attention si les extractions de la taille sont patibulaires, c'est-à-dire si les cartes sont les mêmes que celles d'un talon précédent venant dans le même ordre alternativement en gain et en perte, lors qu'il voit deux extractions de cette nature sentant la *hart,* il est alors presque sûr du délit; il voit toutes les cartes qui vont ou doivent gagner; il charge la première de deux fortes mâsses, s'il gagne, il tire le bénéfice d'une mâsse et laisse la mâsse au jeu pour courir en paroli simple qui lui fasse lever la valeur de sa mâsse à chaque carte gagnante; quand à l'autre mâsse il la laisse courir en grand paroli pour se cumuler jusqu'à la projection prévue et fixée. De la sorte supposons qu'il eut mis deux mâsses sur le 9, une d'un écu qui faisant 9 fois son paroli cumulé lui produiroit 1023 écus de bénéfice; et l'autre mâsse de deux écus qui gagnant 10 fois lui produiroit 20 écus. Car c'est ainsi que jouent les bons joueurs qui cherchent des grandes séries, avec de très-grandes probabilités de gain: ils y exposent deux mâsses, *une petite* qu'ils nomment *la mâsse de Fortune* qui doit produire la grosse somme; et une plus grosse, ordinairement double, qu'ils nomment *la mâsse d'assurance* dont le produit, en deux coups, couvre tout l'exposé.

L'observateur ne craint pas de voir sa première carte gagner *sonica,* ni toutes les autres gagner de même, et de faire neuf transports de suite, ne voyant aucune friponnerie de sa part; il profite hardiment de celle que le banquier veut faire aux pontes ou que le tailleur veut faire au banquier; il se persuade qu'il ne peut y avoir de honte en cela que pour l'un ou l'autre de ces maîtres fripons.

L'observateur exécuteur, lorsqu'il a mis la main à l'ouvrage ne perd pas de vue celles du tailleur, crainte que voyant sa trame découverte il ne file la carte ou fasse fausse-taille: il le force à tailler droit, bien, juste, fort et ferme; le tailleur, c'est-à-dire Monsieur le Voleur a beau faire la grimace, Monsieur le Bourreau le force à se laisser exécuter de bonne grace.

Voilà les jolies choses qu'on voit dans les tripots de Jeux de Hasard; c'est-à-dire dans un grand nombre des principales auberges et des hôtels renommés de l'Allemagne.

Il y a beaucoup d'apparence que le Juif dont parle l'Abendzeitung a été témoin d'une taille patibulaire, et qu'en bon observateur du jeu de Pharaon, voyant l'Échelle de la Potence dressée, se sentant trop d'honneur et de probité pour y monter, il aura eu assez de vanité pour faire parade de sa prescience en offrant de parier sa tête que telle carte alloit gagner.

Il y a des personnes qui prétendent qu'on peut profiter de l'assurance de gagner, acquise par *la simple observation*, n'ayant aucune *connivence* avec ceux qui font naitre et produisent cette occasion favorable. Je demanderois à ces personnes, si passant la nuit devant leur maison j'en voyois descendre, par les fenêtres, un voleur avec l'argent qu'il y auroit volé et que ce voleur laissant tomber un sac d'argent je pourrois, sans manquer aux loix de l'honnêteté, de l'honneur, de la probité et de la justice, ramasser, m'approprier ce sac d'argent, le conserver ou le dépenser comme à moi appartenant bien légitimement; quoi que sachant que cet argent, que j'ai vu voler, appartient à Monsieur tel? et en supposant même que ce Monsieur volé, passa dans l'opinion publique pour être un peu voleur lui-même, puis-je participer aux vols qu'on lui fait et en profiter? Quelque chose que les joueurs puissent dire, je persisterai toujours à prétendre, que tout homme qui monte l'échelle de la potence avec le voleur, se couvre d'une infamie ineffaçable.

Le Jeu de *Pharaon* offre aux pontes un grand nombre d'autres occasions de gains illicites, de supercheries, de fraude, et de friponneries odieuses.

Nous avons fait voir que le Pharaon étoit, pour les pontes, le plus désavantageux de tous les Jeux de Hasard: on voit ici que c'est aussi le plus dangereux, le plus pernicieux. C'est de ce jeu, plus que de tous autres, qu'on peut dire, *qu'on commence par être dupes et qu'on finit par être fripons.* Un tripot de Pharaon, ainsi qu'on en voit tant en Allemagne, qui n'est pas privilégié, surveillé par la police et où les banquiers permettent les cornes, les pliés, etc. est une vraie école de voleur. C'est là où le jeune homme après avoir perdu son argent y perd sa probité, perte mille fois plus déplorable que celle de tout l'or du monde.

BASSETTE.
(Das Bassetspiel oder die Schnittbank).

PLANCHE No. 15.

La Bassette est un jeu italien; il se joue avec un jeu de cartes complet, de cinquante deux cartes. Ce jeu a tellement pris faveur en Allemagne qu'en le trouvant partout, les Allemands le jouent avec une extrême ardeur, et, par le plus funeste aveuglement, y jouent beaucoup plus gros jeu qu'au Pharaon.

Le banquier de la Bassette, est le seul qui touche les cartes; il les mêle et les coupe lui-même; de sorte qu'un banquier sans probité peut arranger les cartes comme il lui plait pour son plus grand avantage et masquer sa friponnerie par de faux mélanges (c'est ce qu'on appelle mêler à la Parisienne), en taillant avec des *poufs* et des *séquences,* etc.

À ce jeu, le banquier peut duper et friponner les pontes autant qu'il lui plait; mais les pontes ne peuvent tromper le banquier. Voilà d'abord un grand mal, puis un grand bien.

Le banquier ayant mêlé et coupé les cartes, qu'il tient toujours dans sa main, la face en dessous, invité les pontes à faire leur jeu. Chacun prend quelle carte il lui plait, toutes les treize s'il le veut, et place son argent sur chacune.

Le jeu des pontes étant fait, le banquier dit: *tout-va,* puis retourne le jeu de cartes qu'il tient dans

la main et en fait voir la carte de face (c'est-à-dire
la dernière, qui par le retournement du jeu est devenue la première): cette carte est la première perdante, elle est nommée *le Gusto*, parce que c'est elle qui
donne le goût de ce jeu aux personnes qui ne le connoissent pas; toutes les personnes qui y jouent, même
depuis longtems, sont dans cette classe d'aveugles
dupes.

Ici comme au Pharaon, la première carte que le
banquier tire est pour lui, la seconde est pour les pontes.
Mais les pontes doivent retirer leur carte aussi tôt
qu'elle a perdu ou gagné, et s'ils veulent encore la jouer
il doivent attendre la taille suivante, car au jeu de
Bassette chaque carte ne se joue qu'une fois et on doit
la prendre avant que le banquier n'ait dit: *tout-va*,
et avant qu'il n'ait retourné le jeu. On voit ici que
le *Bassette* n'est autre chose que le Pharaon, uniquement joué en première ligne: circonstance très-re-
marquable et dont les pontes ne connoissent point
toute l'importance préjudiciable pour eux.

Voici les nuances de différence qui existent entre
la *Bassette* et le Pharaon. À la *Bassette* le banquier
taille le jeu ayant les faces des cartes au dessus: d'a-
bord l'observateur raisonnable regarde cette différence
comme un enfantillage qui ne change rien à la nature
du jeu, car que le jeu de carte se taille en commençant par le *haut* ou par le *bas* cela est très-égal sous
le rapport des chances qu'elles doivent produire: mais
il y a dans cet enfantillage une double astuce. 1) C'est
pour faire croire que ce jeu est tout différent du Pharaon; et, 2) faire croire, de plus, aux personnes qui
n'approfondissent rien, que présentant les faces du
jeu aux pontes, ceux ci ont, par là, quelque facilité de
voir les cartes qui doivent gagner avant que le ban-
quier-tailleur ne les découvre.

Mais il faut faire attention qu'en supposant la
chose possible, elle seroit inutile pour le ponte, puisque de l'instant que le tailleur a dit: *tout-va*, et fait
voir la carte de face personne ne peut plus mettre aucune carte au jeu, ni retirer celle qu'il y a mis jusqu'à ce

que le sort en soit décidé; et pour une seule fois dans la taille. Cependant il est toujours vrai que cette circonstance de face en haut, plait à un grand nombre de sots, et les engage à jouer à ce jeu.

Au Pharaon le tailleur tire les deux cartes de chaque extraction avant de rien toucher aux mises des pontes. À la *Bassette*, le tailleur ne montre d'abord que la carte perdante et lève aussi-tôt tout ce que les pontes ont d'argent sur cette carte; puis faisant glisser la carte perdante découvrant la carte gagnante, après quoi le banquier paye les pontes qui ont gagné sur cette carte; ceux-ci doivent la retirer aussi-tôt ainsi que ceux qui ont perdu sans pouvoir faire de paroli, sans la pouvoir jouer d'avantage, dans cette taille, ni en jouer de nouvelle. Notez que la carte qui a gagné reste sur le jeu de cartes que le tailleur tient en main et couvre celle qui doit perdre à l'extraction suivante.

Au Pharaon la première carte que le banquier tire est pour lui, à la *Bassette* aussi; mais au Pharaon le ponte perd tout ce qu'il a sur cette carte (excepté lorsqu'elle vient en doublet), à la Bassette le ponte ne perd que la moitié de la mise qu'il a sur la première carte que le banquier a pour lui.

Pour faire mieux connoître la marche de ce jeu, nous donnons ici, dans les deux tableaux *I I.* et *K K.*, huit tailles de *Bassette*, faites consécutivement. Je suppose avoir pris les treize cartes et mis deux écus sur chaque. À la première taille, la première carte perdante est le *cinq*, je ne perds qu'un écu; la première carte gagnante est le *dix*, je gagne deux écus: ensuite *As* perd, je perds deux écus; *Roi* gagne, je gagne deux écus: puis *quatre* perd, je perds deux écus; *neuf* gagne, je gagne deux écus: ensuite *As* perd, je ne perds rien, l'As n'étant plus au jeu; *Dame* gagne, je gagne deux écus: puis *huit* perd, je perds deux écus; *As* gagne, je ne gagne rien: ensuite *Dame* perd et *huit* gagne, je ne perds pas et ne gagne pas, non plus qu'aucun des autres pontes, ces deux cartes, ayant déjà venus, ne se trouvent plus au jeu.

Le reste de la taille se continue de la sorte. On voit qu'à cette première taille les pontes ont perdu 7 cartes, le *cinq*, l'*As*, le *quatre*, le *huit*, le *deux*, le *six* et le *trois*. Qu'ils en ont gagné 6, le *dix*, le *Roi*, le *neuf*, la *Dame*, le *sept* et le *Valet*.

Dans cette première taille j'ai joué 26 écus, j'en ai perdu 13 et gagné 12, ainsi j'ai perdu *un* écu. Remarquez que la première carte de la taille qui est le *cinq* est précédée d'une étoile * pour marquer qu'elle n'a perdu que la moitié de la mise qui étoit dessus. Il en est de même aux sept autres tailles; où les cartes perdantes sont aussi marquées à gauche sous la lettre *P*, et les cartes gagnantes le sont à droite sous la lettre *G* : les cartes neutres sont marquées plus à gauche et plus à droite sous les lettres *N N*.

Remarquez encore, que quoi que la *Bassette* se taille avec un jeu complet de 52 cartes, il n'en a été tiré que 30 en quinze extractions; et que dans les huit tailles il n'en a été tiré que 208 en 104 extractions, tandis que dans huit tailles de Pharaon on en tire 416 en 208 extractions : Aussi fait-on ordinairement huit tailles de *Bassette* en une heure de tems, tandis qu'au Pharaon on n'en fait guère que quatre; circonstance qui fait que la *Bassette* se soustrait encore plus facilement que le Pharaon aux recherches de la police et que le banquier peut lever plus souvent la séance aux préjudice des pontes.

À la *Bassette* il n'y a pas de doublet, car lorsqu'il en arrive ils sont sans effet : on en voit deux exemples à la deuxième taille; où à la neuvième extraction il est arrivé 2 puis 2. Alors aucun ponte n'avoit le 2. Ensuite il est arrivé 4 en perte le banquier lève tout ce qui est sur le 4, qui est aussi-tôt retiré par les pontes, après quoi le banquier découvre la carte suivante, qui est la gagnante, or cette carte étant encore un 4 personne ne la gagne n'étant plus en mise, cependant il a levé la mise entière qui étoit sur le 4 précédent, tandis qu'au Pharaon il n'en auroit levé que la moitié : circonstance défavorable pour le ponte, que nous mettrons ici en parallèle avec l'avantage que le banquier lui fait sur la première carte perdante à chaque taille.

Au Pharaon sur 1200 tailles il y a 2100 doublets dont 700 de premières en secondes lignes qui forment pour le ponte 700 écus de bénéfice (en supposant chaque carte chargée de 2 écus). En 1200 tailles de *Bassette* le ponte trouve 1200 écus de bénéfice par l'avantage que le banquier lui fait sur la première carte perdante de chaque taille (en supposant aussi chaque carte chargée de deux écus de mise.) Nous avons fait voir qu'au Pharaon l'avantage que les doublets, de premières en secondes lignes, procurent aux pontes est devoré par la surabondance de cartes perdantes qui se trouvent, à la longue, sur la totalité des premières lignes. On voit par les tableaux *I. I.* — *K. K.*, qu'en huit tailles il y a en 54 cartes perdantes et seulement 50 gagnantes; que toutes ces cartes étant jouées à 2 écus, j'en ai perdues 46 à 2 écus et 8 à un écu (par l'avantage des premières cartes) faisant en total 100 écus de perte: que j'ai gagné 50 cartes à 2 écus faisant aussi 100 écus de gain. Ainsi, en une heure de tems, ayant joué 208 écus en huit tailles je ne suis ni en perte ni en gain; cependant je devrois avoir 8 écus de bénéfice par les huit premières cartes.

On voit à la planche 15 trente-deux autres tailles de *Bassette* marquées géométriquement et en couleur (les cartes gagnantes sont marquées par des ronds rouges). Les premières cartes perdantes sont marquées par des points noirs. En 32 tailles il y a eu 224 cartes perdantes et seulement 192 de gagnantes. Toutes les 416 cartes étant jouées à 2 écus forment une fluctuation de 832 écus en quatre heures de tems; et auroient dû me produire 32 écus de bénéfice, et cependant je me trouve en perte de 32 écus; différence de 64.

Voici le Tableau des 32 tailles de la Planche 15.

	À la perdante:	À la gagnante:
	113 Parolis réussis.	83 Parolis réussis.
	104 Parolis manqués. (9),	104 Parolis manqués (21).
	Au dessus.	Au dessus.
	42 Intermittentes – 64.	57 Intermittentes – 49.
	36 Coups de 2 – – 28.	27 Coups de 2 – – 22.
	11 Coups de 3 – – 17.	16 Coups de 3 – – 6.
	13 Coups de 4 – – 4.	4 Coups de 4 – – 2.
	4 Coups de 5 – –	1 Coups de 5 – – 1.
		1 Coups de 6.

On voit ici une nouvelle preuve de ce que nous avons dit à l'article du Jeu de Pharaon, qu'il y a un désavantage exorbitant pour les pontes de jouer en première ligne, et surtout lorsqu'on y joue uniquement; et voilà cependant ce que font les pontes à la Bassette. On voit que les *parolis* et les *séries* (à la gagnante) y sont dans une disproportion très-ruineuse pour les pontes.

Si présentement nous divisons ces 32 tailles de *Bassette* en pelotons de quatre tailles, pour voir combien il y a de pelotons de 4 intermittentes comme 1 et 2 de la Planche III et combien de pelotons de 4 gagnantes consécutives comme 15 et 16 de la même Planche, nous trouvons

	À la perdante:	À la gagnante:
	4 comme le No. 1.	11 comme le No. 2.
	5 comme — — 15.	4 comme — — 16.

Il ne devroit, à la gagnante, y avoir que 6 ou 7 pelotons comme le No. 2. et il y en a 11; il devroit y avoir 6 à 7 pelotons comme le No. 16. et il n'y en a que 4.

Le jeu de *Bassette* a été inventé, dit-on, par un *Vénitien*; on voit qu'il a connu à fond et parfaitement le jeu de Pharaon; au lieu d'en faire connoître loyalement les *vices secrets* au public pour le prémunir contre leurs funestes effets, il a imaginé un jeu où il forceroit tous les pontes à ne jouer que d'une manière qui leur seroit excessivement désavantageuse.

Au Pharaon, a-t-il dit, le doublet est préjudiciable aux pontes: voici un jeu où il n'y a pas de doublet, le banquier n'y a aucun avantage. C'étoit bien assez que l'apparence d'un jeu égal pour attirer les ignorans et les duper: mais considérant que quelques pontes pourroient connoître que l'effet du doublet de première ligne leurs étoit avantagenx et que la levée de toute la mise (au lieu de la moitié) leurs étoit préjudiciable, il a imaginé le plus insidieux des appâts pour les attirer au piège. Il a fait un avantage aux pontes, en ne prenant que la moitié de la mise qui se trouve sur la première carte qui perd. Cet avantage s'il étoit réel, seroit d'*un écu* sur vingt six de joués c'est-à-dire de *quatre* pour cent par taille; ainsi mettant constamment deux *écus* ou deux *ducats* sur chaque carte à toutes les tailles on devoit gagner 8 écus ou 8 ducats par heure de jeu; c'est-à-dire 32 pour 100: et plus de 100 pour 100 chaque jour où l'on joueroit 3 ou 4 heures.

Une multitude innombrable de sots l'ont cru, et croyant s'enrichir se sont ruinés.

Il falloit être excessivement stupide pour croire que des banquiers prodigueroient ainsi leur or à qui voudroit l'aller prendre.

Un atome de bon sens, ou un instant de réflexion devoit suffire pour faire soupçonner quelques supercheries, ou quelques *vices secrets* dans ce jeu. Enfin il ne falloit que quelques jours d'expérience au jeu, uniquement en regardant jouer, ou en s'amusant à tailler et jouer soi-même avec des jetons pour se convaincre bientôt que l'avantage du ponte à la Bassette est vraiment chimérique. Le lecteur en sera convaincu par un seul instant de réflexion. Si à chaque taille de *Bassette* le ponte avoit un avantage réel *d'un huitième* de masse; en une heure de jeu il auroit une masse entière de bénéfice: en jouant deux heures chaque jour il auroit chaque mois plus de *cinquante* masses de bénéfice et plus de *six cens* parans; c'est-à-dire

qu'avec un capital de *deux cens* louis il se formeroit
un revenu annuel de *six cens* louis! On conçoit l'im-
possibilité de l'existence d'un tel jeu, qui ruineroit
complètement, en peu de tems, tous les banquiers
de l'univers qui le tiendroient. Car rien n'est plus facile que de prendre treize cartes à chaque taille et de
les charger d'*un* louis, ou *deux*, ou *dix* chaque: on
auroit à la longue, cent, ou deux cens, ou mille
louis de gain pour cent heures de jeu. Or pendant
plus d'un siècle la *Bassette* a été joué publiquement
à Venise pour le compte du gouvernement, qui tenoit
cette banque de *Bassette* à son profit, comme la Lotterie. Pendant un siècle les plus riches seigneurs,
propriétaires, capitalistes, négocians, etc. ont été à
Venise, pour puiser à ce puits d'or potable, et s'y
sont presque tous ruinés. Aujourd'hui encore, en Allemagne comme en Italie, les personnes qui jouent à
ce jeu s'en trouvent fort mal: et cependant une grande quantité de joueurs (malgré leurs fatales expériences) persistent à dire (et l'on fait imprimer) que le jeu
de la *Bassette* est désavantageux pour les banquiers
qui le tiennent: citant toujours la première carte et
des *faux-doublets* imaginaires qu'ils disent être préjudiciables aux banquiers.

Ce funeste aveuglement des pontes, qui ne peut
être dissipé par leur propre expérience, prouve la
vérité de ce que nous avons dit, *que ce n'est pas en
voyant jouer, encore moins en jouant, qu'on apprend
à connoître les Jeux de Hasard.* Il ne faut pas se
laisser séduire per l'exemple de quelques tailles; on
voit quelque fois des tailles heureuses pour les pontes,
telles que celles 7 et 8 du tableau *K. K.*

On trouve de bonnes oranges en Italie: en Allemagne elles sont rares et ne valent rien; que diroit-on d'un
homme qui iroit dans la Laponie pour en chercher?
Voilà la sottise que font presque toutes les personnes
qui jouent à la *Bassette* en y cherchant des *séries.*

Au *Trente-et-Quarante* on les trouve dans une
juste proportion avec les autres chances. Au *Pha-*

raon les *séries* sont plus rares, on en trouve à peine
les deux tiers et elles sont plus courtes.

À la *Bassette* c'est encore pis, on n'y trouve pas
la moitié de *séries* gagnantes nécessaires pour l'équili-
bre des chances; cependant les pontes, les y cherchent,
même sans spéculation; lorsqu'ils voyent qu'une carte
a gagné deux tailles de suite comme au 9, division
A...A, au 3, au 4, au 5, au 7 au 10 et au Roi même division; ou au 2, à la Dame, division B...B,
ou entre l'une et l'autre division comme au 6 ou au
Roi entre *A* et *B*. Alors les pontes disent: *voilà la
Favorite*, c'est-à-dire la carte favorable pour gagner un grand paroli; comme si tous les coups de *deux*
devoient produire autant de *séries!* Nous avons fait
voir ci-devant par le tableau des tailles de la Planche 15. qu'à la gagnante il y a eu 27 coups de 2 et 16
coups de 3, et seulement six séries. Or cherchant
seulement de coups de 4 j'avois mis un écu après chaque coup de 2, j'aurois perdu 43 écus et j'en aurois
gagné 18 sur *six séries*. Si j'avois cherché les coups
de 5, j'aurois perdu 47 écus et j'en aurois gagné 14
sur *deux séries*. Enfin cherchant des coups de 6, j'aurois perdu 48 écus et j'en aurois gagné 15 en une seule *série*. Dans le premier cas j'aurois perdu 25 écus
en 32 tailles ou en quatre heures de tems. Dans le
second cas j'aurois perdu 33 écus et autant dans le
troisième.

On aura beau dire qu'on a quelquefois vu une
carte gagner *dix* fois de suite à la *Bassette*; un tel
événement est si excessivement rare, que pour le trouver et en profiter dans toute son étendue il faudroit
débourser *dix* fois plus d'argent que la *série* de *dix*
n'en produiroit.

Mais supposons un instant qu'au jeu de la *Bassette* il n'y ait pas plus de cartes perdantes que de gagnantes en premières lignes, (il n'y a que de telles lignes). Que le ponte a réellement une demi masse de
bénéfice par taille sur la première carte perdante, et
que les *séries*, même les plus grandes, s'y trouvent
dans un rapport parfait avec les autres chances, nous

allons prouver que tous les pontes y pourroient être complétement ruinés.

Nous avons fait observer que le banquier de la *Bassette* est le seul qui touche les cartes, il les mêle, il les coupe lui-même; c'est ce qui lui donne la faculté d'arranger les cartes comme il lui plaît, de faire de faux mélanges etc.

Mais supposons encore le banquier et le tailleur de la plus parfaite probité. Il est incontestable que le ponte ne peut gagner toutes les treize cartes d'une taille, mais il peut les perdre toutes par le seul effet du hasard, sans qu'il y ait la moindre fraude de la part du banquier. En voici la preuve.

4 et 4. — 9 et 4. — As et 9. — 5 et 5. — Roi et As. — 6 et 4. — Valet et 9. — 2 et Roi. — 8 et 6. — 3 et 5. — Dame et As. — 10 et Valet. — 7 et 5.

On conçoit qu'un banquier ne voudroit pas arranger ces cartes de la sorte, la friponnerie seroit trop visible; cependant, je le répète, cet événement peut arriver par un pur effet du hasard et être même lardé de cartes nulles. Mais il suffit à un banquier de mauvaise foi de faire en sorte qu'il y ait de tems en tems une ou deux cai perdantes de plus que le *vice* du jeu n'en produ t notamment de l'avorite, pour opérer la ruine c plète de tous les pontes. Rien ne lui est plus facile, il n'a pas besoin pour cela de *compères* ni de *contre-pontes*.

Les *vices secrets* de la *Bassette*, son désavantage exorbitant pour les pontes forcés de ne jouer qu'en première ligne, etc. etc. devoit suffire pour faire fuir cet infernal jeu à tout homme doué d'une parcelle de jugement; mais lorsqu'on considère l'extrême facilité qu'a le banquier de frauder les pontes, et l'obstination de ceux-ci à se précipiter dans cet horrible gouffre; on voit que la cupidité qui porte les hommes aux jeux de hasard est la plus frénétique et la plus aveugle des passions.

Est-il donc impossible, dem dera-t-on, de jouer à la *Bassette* avec probabilité de gain? Non: Il n'est pas impossible; mais extrêmement difficile et extrêmement imprudent de le tenter.

Si j'étois forcé d'y jouer, voici la seule manière que j'adopterois. Je ne jouerois qu'en paroli simple sur les cartes où ils seroient extrêmement en arrière et en retard. Par exemple: d'après la Planche 15, je ne jouerois pas sur le 10 ni sur la Dame qui ont eu le plus de parolis réussis, mais sur le 5, le 8 et le 9.

Mais, je le répète, il faudroit que j'y fus contraint par une force irrésistible, ce jeu étant pénible, lent et ne pouvant produire qu'extrêmement peu de bénéfice, beaucoup d'ennui et de désagrément.

Nous avons comparé le banquier du Pharaon à un général ayant une armée de cent mille hommes rangés en bataille avec une nombreuse et bonne artillerie, qui devoit être attaqué avantageusement par le ponte, n'ayant que mille hommes sans artillerie, et nous avons demontré la possibilité de vaincre le banquier, avec cent fois moins d'argent que lui.

Présentement nous comparons le banquier de la *Bassette* à un chef d'escadre n'ayant que quelques misérables vaisseaux, mais beaucoup de brûlots, n'ayant qu'une seule ligne, mais bien embossée et protegée par les batteries de la côte. Les vaisseaux qui veulent le combattre pour arriver sur lui doivent lutter constamment contre vent et marée; faut-il s'étonner que presque tous sont coulés à fond et beaucoup incendiés par les brûlots? Voilà le sort des pontes.

Qu'on se figure l'astucieux Vénitien fier de ses avantages et de ses ruses défier tous les Marins de l'Europe, en leur disant: *Venez m'attaquer, l'époux de la mer adriatique vous submergera tous!*

———

LOTTO.

PLANCHE No. 16.

Le *Lotto* est une Lotterie que divers gouvernemens tiennent pour leur compte; elle consiste en nonante numéros.

À chaque tirage on en tire *cinq*. On voit sur les tableaux *L. L.* et *M. M.* les 300 numéros sortis en 60 tirages. Les tirages se font plus ou moins souvent, selon les divers pays: les plus fréquens que j'ai vus, étoient aux Pays-Bas Autrichiens où autrefois on tiroit le *Lotto* tous les sept jours; c'étoit un grand abus très-condamnable.

Les billets de *Lotto* ne se vendent et ne se colportent pas; lors qu'on veut mettre à cette Lotterie, il faut se rendre, ou envoyer quelqu'un chez un collecteur avec les numéros que l'on a choisis et la somme que l'on veut jouer; l'un et l'autre étaut à la libre disposition du joueur.

On peut ne prendre qu'un seul numéro; s'il sort, on reçoit *quinze* fois sa mise. En prénant un seul numéro on peut parier qu'il sortira le premier des cinq, ou le second, ou le troisième, etc. Si ce numéro sort ainsi qu'il a été spécifié par le joueur, celui-ci reçoit *septante* fois sa mise.

Le premier cas se nomme *Extrait simple*, le second *Extrait déterminé*. Prendre deux numéros c'est jouer un *Ambe simple*. Si ces deux numéros sortent, on reçoit *deux cens et septante* fois sa mise. Si on avoit déterminé que tel numéro sortira le deuxième et l'autre le cinquième ou autrement, le cas arrivant ainsi on recevroit *cinq mille et cens* fois sa mise, pour son *Ambe déterminé*.

Trois numéros forment un *Terne*; on reçoit *cinq mille et cinq cens* fois sa mise.

Quatre numéros forment un *Quaterne*; on reçoit *septante cinq mille* fois sa mise.

Cinq numéros forment le *Quine*; on reçoit *un million* de fois sa mise.

Le taux de ces prix est celui de Paris (où on ne tient plus le Quine): ils diffèrent dans les autres lieux de quelques bagatelles, vu la nature du jeu.

Dans la proportion du jeu, l'*Extrait simple* devroit produire *dixhuit* fois la mise. C'est pour le Maître Lotteur un avantage exorbitant de la *sixième* partie de l'argent qu'on joue sur cette chance, c'est-à-dire plus de *seize* pour cent.

Mais son avantage est plus excessif sur les autres chances et s'augmente graduellement jusqu'à s'élever à plus de cent pour cent. Le *Lotto* n'est nullement un jeu amusant mais un jeu d'espérance, trop malheureusement devenu nécessaire considéré sous les points de vue politiques et moraux.

Beaucoup de personnes spéculent au *Lotto* comme au *Biribi*. D'abord elles marquent sur un tableau comme celui *N. N.* par un rond rouge combien de fois chaque numéro a sorti. Puis sur un tableau comme la Planche 16, où l'on voit le plus ou moins de retard de leurs sorties.

D'après ce dernier tableau 16, on forme celui *O. O.* où l'on distingue les divers degrés de leur retard, comme on distingue leur rareté sur celui *N. N.* C'est d'après les observations qu'on y fait qu'on se détermine sur le choix des numéros et la manière de les jouer, soit en *Extrait simple*, en *Ambe* ou en *Terne*, etc.

Les uns choisissent les numéros les plus rares et les plus en retard; d'autres choisissent les numéros les plus heureux, ceux qui sortent le plus souvent. Les uns et les autres appuyent leurs déterminations de raisonnement plus ou moins spécieux. Il faudroit un volume entier pour les exposer, les discuter, etc. Nous devons nous borner ici à une seule observation, parce qu'elle est très importante.

Il y a des personnes qui martingalent sur l'*Extrait simple*, selon la table du tableau *P. P.* On voit que si un numéro restoit encore 66 tirages sans sortir, on sauteroit de 780 masses: et que s'il sortoit au *soixante cinquième* tirage, on ne gagneroit que *sept* masses, après en avoir risqué 735.

Voilà ce que le *Lotto* a réellement de dangereux, c'est la possibilité de martingaler: manière de jouer toujour ruineuse.

Il est digne de remarque, qu'au *Lotto*, le mal qui en résulte est en sens inverse du désavantage que le joueur y trouve par le bénéfice du banquier ou plutôt du Maître Lotteur, ainsi qu'on le nomme ordinairement. Il est plus ruineux de jouer sur le *Terne* que sur le *Quaterne*, plus ruineux de jouer l'*Ambe* que le *Terne*; et beaucoup plus ruineux de jouer l'*Extrait* que l'*Ambe*. La raison en est que l'on expose plus d'argent sur le *Terne* que sur le *Quaterne*, et plus sur l'*Extrait* que sur l'*Ambe*; car moins les chances produisent plus ou doit augmenter ses mises pour obtenir la même somme. Sur le

Quaterne il ne faut qu'un écu pour en avoir sep-
tante cinq mille: tandis que pour avoir la même
somme sur l'Extrait je dois mettre *quinze mille*
écus à la fois.

Il ne doit pas être question ici des degrés de
probabilités de gain: puisque le *Lotto* n'est qu'un
jeu d'*Espérance* et de *Fortune*. Il ne doit s'agir
que d'acquérir l'une et l'autre au meilleur marché
possible. À ce jeu comme à tout autre l'art consiste à
risquer peu (et rarement) pour obtenir beaucoup.
Je serois donc partisan du *Terne* et encore plus du
Quaterne si j'avois la manie de jouer au *Lotto*.
C'est donc je prie dieu de me préserver.

OBSERVATIONS ESSENTIELLES

SUR LES

JEUX DE HASARD.

Il ne faut pas dire, Fontaine je ne boirai jamais de ton eau. Cet ancien *proverbe* doit être appliqué aux Jeux de Hasard, présentement plus que jamais, puisqu'on en trouve aujourd'hui partout, jusque dans les cafés, les principales auberges, etc. Si on apprenoit que ces maisons sont autant de lieux de prostitution, quel père de famille ne trembleroit en voyant voyager ses enfans? quel *Caton* même pourroit dire: *je ne succomberai jamais à la séduction?*

C'est dans ces lieux où l'on voit souvent des hommes, distingués par leur sagesse, en pointe de vin et le diable dans la chambre voisine; on y va machinalement ou entraîné par des amis, même par des étrangers qu'on ne connoit pas; la vue d'un tas d'or n'est pas moins éblouissante que celle d'une jeune beauté banale, et il est mille fois plus séduisant: combien d'hommes, placés entre ces deux écueils ne diront pas: Avec cette jeune beauté je n'aurai pas d'or, il faudra au contraire que j'en donne; avec une partie de cet or j'aurai cent beautés semblables et plusieurs autres plaisirs. L'homme qui a des moeurs ne balancera pas; dans la simple fornication il voit un crime, dans le jeu il ne voit pas même une faute.

L'Europe, présentement, n'est plus qu'une mer agitée par d'horribles tempêtes; capitaines, matelots, passagers sont toujours sur le point de dévoir sauver leurs vies à la nage. L'homme le plus riche peut se trouver demain dans la détresse et tenté de faire un peu la cour à la Fortune, en tout bien tout honneur, pour se garantir d'une humiliante et affreuse misère prochaine. Voilà le cas malheureux où j'ai vu de très-hauts personnages, même de graves magistrats ennemis implacables des jeux de hasard et qui, jadis, avoient sévi à outrance contre les personnes qui y jouoient même modérément.

Si des hommes dans l'âge mûr, des viellards même ennemis du jeu ne peuvent s'empêcher de jouer, quelquefois, qui osera prétendre que des jeunes gens ne jouent jamais? il ne faut pas leur dire: *ne joues pas;* parce que le diable leur dira quelquefois: *joues,* et que sur l'article *du jeu, du vin* et *des femmes* le diable est plus volontier écouté que tous les précepteurs et prédicateurs du monde.

Je dirois donc ici aux jeunes gens: Si *par goût, par occasion* ou *par nécessité* vous êtes un jour dans le cas de jouer aux Jeux de Hasard, voici ce que je vous conseille de faire pour y être heureux.

D'abord, la chose la plus *essentielle* est de choisir, parmi les divers jeux de hasard, celui qui est le plus avantageux pour les pontes, qui en même-tems soit le plus facile à jouer et où l'on puisse jouer avec la plus grande assurance, ou tout au moins avec le plus de probabilité de gain; il faut aussi que ce jeu soit parfaitement honnête; cette dernière condition est absolument nécessaire pour votre intérêt comme pour votre honneur. Un jeune homme qui ne veut pas être au rang des faquins ne doit jamais rien faire dont il ait à rougir. Y a-t-il quelque chose de plus honteux, de plus bête, que d'aller lâchement tendre la gorge à des brigands pour qu'ils nous la coupent bel-et-bien? Voilà la bêtise que font les personnes qui vont jouer à la *Bassette:* nous l'avons prouvé, notamment aux pages 186, 187 et 189.

Le *Pharaon* est le meilleur maître d'école qu'il y ait dans le monde pour apprendre aux jeunes gens le métier de voleur (Pag. 155 — 179). Vous n'avez pas,

j'espère, envie de devenir un gibier de potence. Dail-
leurs vous avez vu que pour jouer au Pharaon avec
assurance de gain, et d'un gain modique; il faut un
grand travail très-pénible. J'ai entrepris de combattre et de vaincre ce fier Roi d'Egypte; j'ai été victorieux, je suis revenu de la bataille avec quelques
louis et un accès de fièvre qui m'a retenu plusieurs
jours au lit. Après d'autres combats aussi heureux,
je me suis convaincu qu'au jeu de *Pharaon* il faut absolument y perdre finalement sa santé ou son argent.
Je ne suis pas le seul qui ait éprouvé que l'air d'Egypte n'est pas favorable aux Héros qui cherchent
fortune.

Le joli *Biribi* est un petit fripon. Nous avons
fait voir à la page 223 qu'il a été remplacé par un
grand brigand marié à une archi-coquine de *Roulette*,
c'est-ce qui présente une union monstrueuse cent fois
plus redoutable qu'une caverne de cinquante voleurs.
Ce qu'il y a de plus dangereux c'est que ce double.....
jeu est privilégié par le gouvernement d'une des plus
célèbres eaux minérales de l'Allemagne. Vous n'êtes
certainement pas assez stupide pour vous aller faire
dépouiller publiquement et impunément jusqu'à la
chemise, de gaieté de coeur.

L'ancien *Biribi* étoit assez amusant et on pouvoit
s'y amuser long-tems avec très-peu d'argent; mais il
falloit un travail énorme et une patience angélique
pour être sûr d'y gagner quelques misérables louis
chaque mois. Ce petit drole est émigré on ne sait
dans quel pays; si vous le rencontrez un jour avec ses
68 numéros, dont 4 pour lui, malgré sa petite vilenie, vous pourrez vous y amuser agréablement et honnêtement *aux Jetons* imitant le bel exemple des Dames dont nous avons parlé, et vous bornant à une
ou deux des plus simples spéculations. Mais persua-
dez vous bien qu'un homme qui joue au *Biribi* répré-
sente parfaitement *Hercule filant*. C'est assez dire
qu'un officier n'y peut jouer en uniforme sans mériter
d'être congédié de son régiment. Voici la meilleure
manière dont un galant homme puisse jouer honnête-

ment à ce jeu, je n'en ai jamais employé d'autre et elle m'a assez bien réussi. Lors que vous aurez gagné
beaucoup au jeu de Trente-et-Quarante et que vous
aurez un louis ou un écu que vous ne saurez où mettre, vous irez le jetter sur le tableau, en laissant à
monseigneur le louis, ou à monsieur l'écu, le soin
se placer lui même comme il lui plaira soit en plein,
en carré ou à-cheval, ce sont ses affaires. Vous attendrez l'évènement : s'il perd, vous vous en irez,
s'il gagne, vous prierez honnêtement une des jolies
personnes de votre connoissance (il y en a toujours
là beaucoup) de vouloir bien vous faire le plaisir de
lever l'or ou l'argent.

Que dirois-je des *Roulettes?* On n'en trouve plus
de cinquante cases, dont deux pour le banquier; d'ailleurs nous avons fait voir aux pages 76 et 77 que la
plus grande est très-désavantageuse, qu'elles sont toutes susceptibles de fraude par le banquier, et peu favorables à la spéculation par leur rapidité : nous ajouterons que ce jeu étant très-bruyant est toujours dé-
placé dans un salon de bonne société! il n'est convenable que pour les cabarets des laquais aux eaux minérales. Voyez si vous êtes assez partisan de l'égalité et de la rusticité pour vous aller faire coudoyer par
de tels gens.

Après ce que nous avons dit (page 31 et suivantes,
notamment à celles 36 et 37,) du jeu de *Pile-ou-croix*
et des jeux de *Dés* en général, nous espérons que les
jeunes gens qui ne sont pas de la classe de la canaille
se garderont bien d'y jouer.

Lisez ce que nous avons dit, à la page 49 et aux
suivantes, du généreux, loyal et noble jeu de *Trente-
et-Quarante,* vous verrez que c'est le seul jeu de hasard où puisse jouer, non seulement un honnête
homme, mais encore un homme à qui il reste encore
un atome de bon sens et de pudeur. Mais il y a, au
sujet de ce magnifique jeu, plusieurs observations es-
sentielles à faire.

D'abord il faut considérer que le Trente-et-Quarante est un Prince très-haut, très-riche qui par sa

grande affabilité est très-dangereux, il ne faut en approcher qu'avec les plus grandes précautions et toujours se souvenir du proverbe qui dit, que les grands princes sont semblables au soleil.

2) Il faut bien distinguer le vrai prince du faquin d'avanturier qui s'en donne les airs. J'ai assez indiqué à la page 9 où l'on peut être sûr de le trouver. Toute banque de jeu qui n'est point autorisée par le gouvernement, sous la surveillance et l'égide de la police doit être considérée comme un antre de fripons; il est aussi imprudent, aussi bête d'y aller jouer son argent que de l'aller changer chez des faux monnoyeurs; que doit-on attendre des hommes qui font métier d'enfreindre les loix et de braver l'autorité publique?

3) Lorsque vous trouverez une banque de *Trente-et-Quarante* légitimement établie vous aurez une extrême attention à vous y comporter très-honnêtement sans affectation, et toujours avec une très-grande circonspection, car c'est là où l'on se trouve quelquefois près des personnes du plus haut rang, sans les connoître, qu'une incongruité, une simple étourderie, peut offenser; dont on peut aussi mériter l'estime par là sagesse de sa conduite, et quelquefois gagner leur affection par un procédé noble et délicat, ou par un talent solide orné de modestie. Un salon privilégié de Jeux de Hasard est la pierre de touche des jeunes gens. Là il ne faut que quelques instans pour lire jusque dans le fond de leur âme, particulièrement lorsqu'ils jouent [36]), c'est là où l'on juge de la nature de leur éducation, de leur caractère, de leur esprit, même de leurs talens ou de leurs sciences, car là on trouve des personnes de tous états, qui se plaisent à se communiquer et savent juger. Ces sortes de lieux, tels que *Spa, Pyrmont,* etc. peuvent être considérés comme

---

36) Je ne joue jamais, disoit *Fréderic* II. parce que le jeu est le miroir de l'âme, et je ne veux pas qu'on lise dans la mienne.

les grandes écoles du monde; c'est là où on apprend à connoître les hommes, depuis le Prince souverain, jusqu'au simple artiste. C'est là où l'on apprend les usages, le ton, les manières, le langage etc. du grand monde et de la bonne société de différentes classes.

Le *Trente-et-Quarante* est le plus avantageux de tous les jeux pour les pontes, puisque l'avantage du banquier n'est que de deux pour cent: il est aussi le plus facile à jouer. Nous avons comparé le Pharaon à une armée de treize régimens toujours en mouvement, qu'on doit observer avec la plus grande attention et marquer exactement sur treize colonnes (Planche 11.); travail difficile, pénible et souvent impossible par l'extrême rapidité de ce jeu.

Au *Trente-et-Quarante* on n'a jamais qu'une colonne à marquer (on en voit 8 marquées consécutivement à la Planche 5.) avec la plus grande facilité; on n'a que 50 ou 60 coups de crayons à tracer par heure, tandis qu'au *Pharaon* on en a plus de 200 en sautillant sans cesse d'une colonne à l'autre. Ce dernier jeu est la vrai e image de la bataille compliquée et rapide d'une grande armée, très-pénible pour un général habile qui la commanderoit (Voyez page 18 et suivantes). Le *Trente-et-Quarante* n'est que le simple combat d'un régiment contre un autre régiment; partie de plaisir pour un simple colonel. On sent qu'ici il est plus facile de s'assurer la victoire.

Avant de s'approcher d'une table de jeu, il faut se précautionner contre les *contre-pontes*; il y en a de deux espèces, même aux eaux minérales privilégiées: les prémiers sont ceux des banquiers; on verra tout-à l'heure, leur besogne et leur utilité.

L'Angleterre est le pays du monde où l'on voit le plus d'originaux, et beaucoup qui ont le sot orgueil de se distinguer par des extravagances, même impertinentes.

Il y a à Londres comme à Paris un grand nombre de fiacres pour le service du public; si un riche anglois s'avisoit de les louer tous pour son service, il en résulteroit un grand préjudice pour le public; une multitude de personnes ne pourroient vaquer à leurs affaires et d'autres à leurs plaisirs: le devoir du magistrat seroit d'empêcher une telle extravagance. Il en seroit de même si un tel fou prenoit et payoit pour lui seul toutes les loges et les places de la comédie à Spa ou à Pyrmont; les étrangers privés du plaisir de la comédie, abandonneroient ce lieu au grand préjudice de ses habitans.

Les Jeux de Hasard ont été établis et privilégiés là, dans de grands et magnifiques salons, pour prévenir les désordres des jeux particuliers, servir d'amusement au public et de sujet d'assemblée: car sans le prétexte d'aller jouer ou voir jouer, un grand nombre de personnes ne pourroit pas s'y rendre. Or si un joueur pouvoit parvenir à faire sauter plusieurs fois la banque, ou à la ruiner en la minant par une forte martingale, les étrangers seroient privés du plaisir du jeu et, par suite, de celui de la réunion.

L'action d'un homme qui cherche à faire sauter la banque, ou à y faire de grands gains est impertinente, offensante envers les étrangers et préjudiciable aux habitans du lieu. En bonne justice la police auroit le droit de s'y opposer; mais elle ne peut se mêler des affaires d'un jeu public sans s'exposer à être compromise avec des personnages hauts et puissants dont le ressentiment lui deviendroit fatal et pourroit avoir des suites désagréables pour le souverain du pays. On obvie à cet inconvénient par le moyen des *contre-pontes* du banquier, personnages qu'on ne connoit pas et qu'on ne peut distinguer des autres joueurs. Voici leur besogne. Ces messieurs jouent presque habituellement avec l'argent que leur donne le banquier et pour son compte, ainsi cet argent fait toujours la navette du banquier au *contre-ponte* et du *contre-ponte* au banquier. Quand il se présente un *gros martingaleur* qui avec une énorme somme entreprend de *saigner* fortement la banque, le *contre-ponte* travaille à le *saigner* lui même d'une forte manière. Je suppose ici que je joue ce rôle, voici comme je travaille, dès

que les intentions et l'allure du martingaleur sont connues.

À la fin de la seconde taille (Planche 5.) la rouge
a gagné, le Gros-martingaleur *B.* met 20 louis à la
noire pour le premier coup de la troisième taille, moi
j'en mets 50 à la rouge, je gagne, je fais paroli du
tout. *B.....* qui a perdu 20 louis, en met 40 encore à la noire, et moi j'en ai 100 à la rouge. Vous allez voir qu'avec peu d'argent je ruinerai le riche *B.*
en tout bien tout honneur. Il y a 2000 louis à la
banque.

Mises de *B.*			Mise et gain du *contre-ponte.*			
20 louis, perdus.			50 louis, gagnés et laissés.			
40	—	—	100	—	—	—	—
80	—	—	200	—	—	—	—
160	—	—	400	—	—	—	—
320	—	—	800	—	—	—	—
640	—	—	1600 louis: je gagne et lève			
			3200 louis.			

Ici *B.* a perdu 1260 louis et moi j'en ai gagné 3150,
déduction des 50 que j'avois mis d'entrée de jeu. Ici
B. devroit, et veut mettre 1280 louis pour son septième coup de martingale; et il le gagneroit: mais il
ne peut ni gagner ni mettre parce que la banque est
presque sautée, puisqu'il n'y reste plus que 110 louis.
Comptez; il y avoit 2000 louis, *B.* en ayant perdu
1260, le banquier en avoit donc 3260 sur la table, j'en
emporte 3150 il ne reste plus que 110 louis sur la table: quand le martingaleur *B.* seroit Roi, Empereur
il ne peut obliger les banquiers à jouer plus d'argent
qu'ils n'en ont sur la table. *B.* auroit très-mauvaise
grâce de témoigner le moindre ressentiment contre le
joueur qui a gagné 3150 louis aux banquiers, il seroit généralement blâmé de tout le monde et auroit
tort: à une banque publique il est permis à un simple
artiste de jouer comme il lui plait aussi bien que le
plus puissant monarque du monde. Les rieurs ne
sont pas du côté des malheureux, ni des dupes; en-

core moins des hommes vilainement cupides qui, par une insolente conduite cherchent à priver le public de plaisirs légitimes, honnêtes et nécessaires. Par l'opération du *contre-ponte* les banquiers ont gagné, en une seule séance 1260 louis et paroissent ruinés, ils se retirent d'un air triste et presque désespéré: ils ont raison, ils n'ont pas tort, ils ont agi pour l'avantage du public, ils ont fait ce que la police devroit et ne peut faire.

Lors qu'un riche joueur cherche à faire sauter la banque ou à la ruiner par de grands parolis, le *contre-ponte* du banquier travaille d'une autre manière, toujours avec peu d'argent; voici comment.

Encore Taille 3 Planche 5. et 2000 louis à la banque.

B. . . . . met à la rouge   *Le contre-ponte* met aussi à la rouge

20 louis; gagne et en a 40.   50 louis; gagne et en a 100.
    puis ——— 80.   puis ——— 200.
    puis ——— 160.   puis ——— 400.
    puis ——— 360.   puis ——— 800.

Ici le banquier ne peut plus tenir les deux parolis montant ensemble à 1160 louis puis qu'il n'a plus que 910 louis sur la table. Supposons que l'un ni l'autre joueur ne voulut pas retirer ni diminuer sa mise, le banquier auroit droit de refuser de continuer la taille. Ce n'est pas ce qu'il fait, ordinairement lors qu'il y a une ou deux fortes couches sur le jeu, le banquier ne les tient que pour ce qu'il peut payer avec l'argent qu'il a sur la table, et à la condition que toutes les moindres mises seront payées avant; si le gros joueur ne veut pas courir le risque de se contenter de ce qui restera, il retire ce qu'il prévoit ne pouvoir être payé. On voit ici qu'une personne qui cherche à faire de grands coups aux *jeux de hasard* doit infailliblement périr, puisqu'il a contre lui le jeu (page 44. etc.) et les *contre-pontes*. Ici le joueur B. après avoir perdu peut-être 5 à 600 louis en cherchant une série de sept coups pour en gagner 1400, en trouvant cette série n'a pu gagner que 340 louis c'est ce qui le laisse en perte de plusieurs centaines de louis. Ne jouez donc jamais en martingale ni en grand paroli, car le banquier, en bon général qu'on attaque avec des masses, pourroit vous jetter un *contre-ponte* sur le flanc et vous seriez pulvérisé comme l'a été à Water...; le génie le plus extraordinaire que la nature ait formé dans sa munificence.

La seconde espèce de *contre-pontes* se trouve parmi les joueurs de profession, engeance méprisable et dont on ne sauroit trop se méfier: voici leur manége. Ils rôdent sans cesse autour des tables de jeu et lorsqu'ils voient un homme *chiche* ou un jeune homme sans expérience, ils vont lui proposer *de sauver le refait de 31*. Voici cette opération; je veux mettre un écu à la noire, monsieur le C-P. me dit: ne mettez pas votre argent au jeu car vous en perdrez la moitié s'il arrive un refait de 31: je veux mettre un écu à la rouge, gardons nos deux écus, le refait de 31 sera un coup-nul pour nous; si la noire gagne, vous aurez mon écu, si la rouge gagne, j'aurai le vôtre. Cela va assez bien quelque tems lorsqu'il n'est question que de quelques écus ou louis: choisissez quelle couleur vous voulez, le C-P., qui se fait passer pour comte ou baron, jouera toujours la couleur opposée, il a en cela son avantage de deux manières ; c'est que ces sortes de gens savent par expérience que les joueurs qui choisissent tantôt *le pour* et tantôt *le contre*, c'est-à-dire pour rouge ou pour noire, sans observation et sans spéculation, perdent plus souvent qu'ils ne gagnent: vous pouvez vous en convaincre par votre propre expérience en regardant jouer. Mettez des jetons dans votre chapeau, prenez en un dans la main avant la première extraction, choisissez une des deux couleurs comme si vous vouliez y mettre, attendez l'événement: si la couleur que vous avez choisie gagne, mettez le jeton dans une de vos poches à droite; si elle perd, mettez le dans une poche à gauche, et continuez ainsi à masses égales à tous les coups d'une séance, et ainsi à toutes les séances pendant plusieurs jours en tenant note à chaque séance du nombre de jetons ou coups perdus et gagnés; vous verrez que finalement les perdus seront plus nombreux que les autres.

Un philosophe pourroit vous en démontrer la raison morale, dans une petite brochure de sept à huit cens pages. Je crois que votre propre expérience vous suffira et vous sera plus utile : par elle vous vous amuserez et vous apprendrez à connoître les jeux de hasard sans jouer. Le second avantage du contre-ponte est dans la supercherie qu'il vous fera tôt outard, lorsqu'il s'agira d'une somme un peu considérable il vous soutiendra fort et ferme qu'il a gagné quoi qu'il ait perdu, car un joueur de profession a lui seul plus d'effronterie que tous les pages du monde; ce qu'il y aura de plus facheux pour vous, c'est que malgré la friponnerie qu'on vous aura faite vous serez l'objet de la risée et du mépris général, on vous regardera comme un vilain fesse-mathien qui se fait voler vingt écus crainte d'en payer un demi pour les fraix du jeu, qui sont très-considérables pour les banquiers du *Trente et Quarante*. Ne comptez par sur le soutien de la police en pareil cas, car elle vous condemnera *Sonica* avec justice, puisque dans ces lieux privilégiés il est défendu de jouer les uns contre les autres; et que vous aurez mérité d'être expulsé pour cette contravention et la malhonnêteté d'avoir, par votre vilénie, troublé la tranquillité dans un lieu aussi respectable que le palais d'un roi. Quant au joueur de profession C-P. il se moque de tout ce qui peut arriver: ces sortes de gens se font un jeu de se faire chasser de tous les lieux où ils vont.

Avant d'entreprendre de jouer aux Jeux de Hasard il faut consulter ses facultés physiques et morales. Le jeu le plus modéré altère la santé, la gêne qu'on éprouve au jeu, l'extrême attention qu'on doit y avoir enflame le sang; cependant il faut conserver son âme dans le calme le plus parfait, être toujours patient, modéré, toujours prudent et quelquefois hardi: jamais d'humeur dans la perte, dans la gêne, encore moins envers les personnes qui nous importunent par leurs mouvemens, leurs questions, leurs discours; cette humeur nuiroit à votre jeu et pourroit vous compromettre gravement.

Le meilleur parti qu'on puisse prendre est de vivre sobrement toute la journée, évitant tout ce qui surcharge l'estomac, échauffe le sang ou la tête; ainsi point d'aliment salé, épicé, ni de difficile digestion; point de chocolat ni de café et surtout point de vin ne de liqueur, en général manger peu, et boire encore beaucoup moins et n'approcher du jeu que dans un état de quiétude parfait et l'assurance qu'on n'aura aucun besoin pendant toute la séance.

Mais le point le plus essentiel est de jouer le plus petit jeu possible, comparativement à sa fortune, et ne jamais y exposer que son superflu dont la perte totale ne puisse nous peiner. Il ne faut adopter aucune manière de jouer sans connoître d'avance jusqu'à quel point de perte elle peut nous porter. C'est l'article le plus essentiel pour jouer avec assurance de gain.

Nous avons dit (page 36) qu'on a vu passer 53 fois de suite au *Passe-dix*; à la page 60 qu'au *Trente-et Quarante* une couleur peut s'élever ou s'abaisser à plus de 140 degrés. À la page 114 nous avons dit que des numéros de *Biribi* avoient resté 700 boules sans sortir; nous ajouterons qu'au *Lotto* on a vu des numéros rester plus de 200 tirages sans sortir. La proportion est une fois sur 18 et de 11 fois en 198 tirages; ainsi la disproportion n'est pas excessive; et suffiroit cependant pour ruiner presque tous les pourchasseurs.

Voici les meilleures manières de jouer, que j'ai vu réussir le plus souvent. 1) C'est d'attendre, par l'observation et la marque du jeu passé, la réunion de plusieurs probabilités qu'une couleur gagnera plutôt que l'autre, et en pareil cas de ne jamais y mettre que la même somme, qui doit être toujours petite; si on la perd, on attendra une autre occasion semblable pour y risquer une même somme.

Jouez rarement ayant attendu de grandes et nombreuses probabilités, c'est le moyen de gagner plus de coups que vous n'en perdrez; rapellez vous tout ce que nous avons dit précédemment à ce sujet.

2) Lorsque plusieurs tailles de suite présenteront une grande surabondance de séries et de coups de trois, et une grande rareté d'intermittentes et de coups de deux, soit aux deux couleurs ou à une seule, vous pourrez jouer contre la gagnante une martingale de deux coups 1 puis 2. ou 1 puis 3. mais jamais plus haut; et si vous avez le bonheur de voir votre martingale couverte trois fois, ne la jouez plus, attendez une autre occasion semblable.

Quant à la Martingale Graduée (Tableau G) dont je vous ai fait voir des merveilles je vous prie de ne jamais éprouver d'en faire usage au jeu avant que vous ne soyez très-exercé et très-expérimenté dans sa pratique faite avec des jetons de nulle valeur pour vous amuser et de ne jamais la porter plus haut que trois coups 1 — 2 — 3 total 6. Cette martingale est un très-agréable, mais très-subtil poison (page 14. No. 18.)

3) Lors que les séries auront été excessivement rares et que les deux ou trois dernières tailles n'en auront point eu, vous pourrez chercher quelques parolis peu hauts, tels que 2 — 4 ou 2 — 4 — 8.

Ne vous exercez qu'à bien jouer à propos ces trois manières simples, courtes et peu coûteuses de jouer; vous ne les jouerez bien au jeu qu'en les y jouant rarement (page 169).

Ne vous asseyez jamais à une table de jeu, car vous seriez contraint de jouer plus qu'il ne convient et quand il ne convient pas. Faites en sorte que personne ne sache si vous perdez ou si vous gagnez. Ne jouez jamais en société quelconque.

Lors que vous aurez commencé à jouer, joignez vos gains à votre capital et ne depensez jamais rien de l'un ni de l'autre jusqu'à ce que votre capital soit quadruplé ou sextuplé; alors vous retirerez un quart de votre gain, pour vos autres plaisirs; et vous attendrez en suite que votre capital primitif soit décuplé:

O

vous le laisserez et conserverez dans cet état, vous contentant à la fin de chaque semaine d'en retirer l'excédant produit par le gain de sept ou huit jours; attendez vous toujours à quelques veines de malheurs, qui puissent être soutenues et surmontées par la masse de vos épargnes: le défaut de cette précaution fait la perte des joueurs qui dissipent leurs gains fait à fait qu'ils les font. Pour trouver de l'avantage au jeu il faut beaucoup d'ordre et d'économie et en même tems beaucoup de désintéressement et aucune avidité pour le gain; c'est-à-dire qu'il faut, moralement, allier le fer avec l'antimoine!!

C'est en jouant ainsi que les caracoleurs (guérillas du jeu) alimentent leurs existences en attendant l'occasion de pouvoir faire quelques grands coups en n'hasardant que quelques écus ou louis (pag. 72. 73.) Ces Messieurs prétendent que rien n'est plus agréable que d'aller ainsi, de tems en tems, bruler la moustache du banquier d'un coup de pistolet. C'est l'expression du jeu. Il nous a tiré un coup de pistolet, disent les banquiers, grands ennemis des caracolades.

Quand à la somme nécessaire pour jouer en toute sûreté elle ne peut-être fixée que selon l'espèce de jeu qu'on adopte, la manière de jouer qu'on veut suivre et le degré de capacité qu'on a pour la mettre avantageusement en pratique. Au *Pharaon* il faut beaucoup d'argent et y avoir toujours des masses ou sommes doubles pour en donner la moitié au banquier lors qu'on essaie un doublet.

Il faut aussi une forte somme pour jouer régulièrement au *Biribi* aux espèces sonnantes. Il y faut beaucoup moins d'argent lors qu'on y joue aux jetons de peu de valeur.

Quelque excessive que soit la somme qu'on destine au Jeu de *Bassette* elle y sera dévorée jusqu'à la dernière parcelle, après un peu plus ou un peu moins de tems,

La *Roulette* de cinquante cases si elle étoit telle que nous l'avons souhaitée à la page 28, n'exigeroit

pas plus d'argent pour y jouer, que le *Trente et Qua-*
rante.

Le jeu de *Trente et Quarante* est de tous les jeux
celui où l'on peut jouer avantageusement avec la plus
petite somme, lorsqu'on se borne aux trois manières
de jouer que nous venons d'indiquer et n'en jouant
jamais qu'une à la fois: je puis assurer qu'il faut peu
d'argent pour s'y amuser long-tems, lorsque, connoissant bien ce jeu et y étant exercé aux jetons de
nulle valeur, on n'en approche qu'avec les dispositions
morales que nous avons exposées ci-devant, notamment avec une très-grande patience (pag. 25 et 26.)
et des désirs extrêmement modérés de gain. J'ai vu
des banques de *Trente et Quarante* où on ne jouoit
que des jetons de peu de valeur (comme au Biribi):
là j'ai vu de la valetaille qui s'y comportoit plus sagement et plus honnêtement que beaucoup de gentilhom-
mes et de gens riches ne le font aux Tripots de *Pha-*
raon où il vont ignoblement se faire detrousser. Ces
banques aux jetons n'avoient que deux banquiers et
étoient tolérées par le gouvernement, qui les jugeoit
nécessaires pour préserver la valetaille étrangère de
la ruine et des désordres des jeux particuliers qu'on
réprimoit sévèrement. Ces banques étoient, pour les
Maîtres, la *pierre de touche* de leurs valets. Je suis
loin d'en conseiller de semblables. *Heureux le lieu*
où on peut se passer de B.... et de Jeu.

Comme Ingénieur, qui a étudié à fond les Jeux
de Hasard, j'ai cru remplir mon devoir envers la société en les faisant connoître jusque dans leurs replis
les plus profonds. Connoissant par une longue expérience les hommes qui se livrent, plus ou moins, à
ces sortes de jeu, je me suis bien gardé de contredire
leur goût pour la Déesse dont ils recherchent les fa-
veurs: ils ne m'auroient pas lu et j'aurois perdu mes
peines comme tant de savans rêteurs et prédicateurs.
Je n'ai pas eu la sottise de vouloir anéantir la passion
du jeu (page 6 et 7); je n'ai cherché qu'à la restrein-
dre dans de bornes raisonnables et à la reduire à un

amusement honnête, légitime et même lucratif pour ceux qui le veulent absolument.

En condescendant sans cesse au goût des personnes qui aiment le jeu, je n'ai négligé aucune occasion de leur faire connoître tout ce qu'ils ont de dangereux, de nuisible, de condemnable : j'ai joint à la démonstration la plaisanterie et l'arme du ridicule toujours plus puissante que les raisonnemens de la sagesse, Je me suis même permis les expressions les plus fortes au risque de déplaire aux joueurs forcénés ou de profession.

Jusqu'à présent le jeu de hasard a été un champ rempli de ronces, d'épines et produisant des fruits empoisonnés ; j'ai cherché à le défricher et à lui faire produire des fleurs agréables et même quelques plantes salutaires.